Guérir
à gorge
déployée

Éditrice : Liette Mercier
Infographiste : Chantal Landry
Révision : Karine Picard
Correction : Joëlle Bouchard

DISTRIBUTEURS EXCLUSIFS :

Pour le Canada et les États-Unis :
MESSAGERIES ADP*
2315, rue de la Province
Longueuil, Québec J4G 1G4
Téléphone : 450-640-1237
Télécopieur : 450-674-6237
Internet : www.messageries-adp.com
* filiale du Groupe Sogides inc.,
   filiale de Québecor Média inc.

Pour la France et les autres pays :
INTERFORUM editis
Immeuble Paryseine, 3, allée de la Seine
94854 Ivry CEDEX
Téléphone : 33 (0) 1 49 59 11 56/91
Télécopieur : 33 (0) 1 49 59 11 33
Service commandes France Métropolitaine
Téléphone : 33 (0) 2 38 32 71 00
Télécopieur : 33 (0) 2 38 32 71 28
Internet : www.interforum.fr
Service commandes Export – DOM-TOM
Télécopieur : 33 (0) 2 38 32 78 86
Internet : www.interforum.fr
Courriel : cdes-export@interforum.fr

Pour la Suisse :
INTERFORUM editis SUISSE
Case postale 69 – CH 1701 Fribourg – Suisse
Téléphone : 41 (0) 26 460 80 60
Télécopieur : 41 (0) 26 460 80 68
Internet : www.interforumsuisse.ch
Courriel : office@interforumsuisse.ch
Distributeur : OLF S.A.
ZI. 3, Corminboeuf
Case postale 1061 – CH 1701 Fribourg – Suisse
Commandes :
Téléphone : 41 (0) 26 467 53 33
Télécopieur : 41 (0) 26 467 54 66
Internet : www.olf.ch
Courriel : information@olf.ch

Pour la Belgique et le Luxembourg :
INTERFORUM BENELUX S.A.
Fond Jean-Pâques, 6
B-1348 Louvain-La-Neuve
Téléphone : 32 (0) 10 42 03 20
Télécopieur : 32 (0) 10 41 20 24
Internet : www.interforum.be
Courriel : info@interforum.be

Gouvernement du Québec – Programme de crédit d'impôt pour l'édition de livres – Gestion SODEC – www.sodec.gouv.qc.ca

L'Éditeur bénéficie du soutien de la Société de développement des entreprises culturelles du Québec pour son programme d'édition.

Conseil des Arts   Canada Council
du Canada   for the Arts

Nous remercions le Conseil des Arts du Canada de l'aide accordée à notre programme de publication.

Nous reconnaissons l'aide financière du gouvernement du Canada par l'entremise du Fonds du livre du Canada pour nos activités d'édition.

03-14

Dépôt légal : 2014
Bibliothèque et Archives nationales du Québec

ISBN 978-2-7619-3891-4

Patrice
COQUEREAU

Guérir
à gorge
déployée

LES ÉDITIONS DE
L'HOMME

Une société de Québecor Média

À Louis, pour la vie

Prologue

Octobre 1983. Seul chez moi, les écouteurs vissés sur les oreilles, j'écoute en boucle des chansons planantes en fumant un joint. L'effet répétitif accentue l'état d'euphorie. Je vole. La drogue est puissante et amplifie le trip. Il est tard et la fatigue s'installe, mais je ne veux pas atterrir.

Tout à coup, je commence à ressentir de légers picotements sur ma nuque. Ma tête se met à osciller de gauche à droite, puis de droite à gauche. J'ai déjà expérimenté cette sensation auparavant, après avoir fumé. J'avais trouvé cela à la fois étrange et agréable. Cette fois-ci, je me sens incapable d'arrêter le manège. Je commence à vouloir que ça arrête, mais les sensations continuent et ma nuque devient engourdie. Quelque chose de lourd s'installe et une désagréable impression m'envahit. Qu'est-ce qui se passe?

Je ressens brutalement une chute. Le casque d'écoute me rentre dans le crâne. D'un bond, je me lève et arrache les écouteurs. Mon cœur bat avec violence et une sueur abondante couvre mon corps. Le plancher s'ouvre sous mes pieds. Qu'est-ce qui m'arrive? Je vais m'évanouir? Je bascule dans la folie? Je m'apprête à faire une crise d'épilepsie? Je vais mourir?

Je cours à la salle de bain. Mon premier réflexe est de me mettre de l'eau froide sur le visage, mais c'est comme ajouter de l'huile sur le feu. Tout est étrange. Marcher, bouger, toucher, ouvrir la bouche ou respirer deviennent absurdes et insensés. Je n'ai aucune idée de ce qui se passe et ne sais pas quoi faire pour me sortir de cet enfer. Mes repères ont disparu. Tout bascule et j'entre dans un état de panique effroyable.

Je décide d'aller cogner à la porte de mon voisin de palier. Il est absent. Découragé, je retourne chez moi. Il fait froid, il fait noir, noir, noir... Je tourne en rond dans l'appartement, affolé. Je m'assois, je me lève, je me rassois. J'essaie de respirer, de masser mon cou, mais toutes les tentatives pour m'apaiser se soldent par un échec. Mes pensées font du deux cents à l'heure. Les images sont déformées, les idées se chevauchent, se bousculent. Je suis totalement terrorisé.

Je passe la nuit à attendre les premières lueurs du jour. Comme des montagnes russes, je refais sans cesse le même parcours physique et mental, en espérant que le wagon reste sur les rails. Les montées et les descentes diminuent peu à peu d'intensité. Tout en souhaitant désespérément un retour au calme, je pleure en implorant la vie de me secourir. Je ne peux pas croire que je suis condamné à un état psychotique permanent. C'est alors que je me mets à imaginer le pire des scénarios : le renvoi de l'École nationale de théâtre. Si je n'arrive pas à retrouver mes esprits, c'est la sanction qui m'attend. La possibilité de vivre un échec retentissant à l'aube de ma carrière est insupportable. Celle de devoir vivre en institut psychiatrique l'est encore plus.

Soudain, une révélation. C'est le joint ! C'est la drogue ! Mon corps et mon esprit viennent de me donner une leçon magistrale. Je ne tolère pas cette substance. C'est une réaction physiologique qui va passer. Je pourrai bientôt retrouver toute ma tête et pratiquer mon métier en toute sérénité.

Plus jamais je ne fumerai. Et surtout, surtout, pas question de raconter ça à qui que ce soit ! Je m'impose sur-le-champ une véritable omertà. Personne n'a à savoir ce que je viens de vivre. Le milieu théâtral si compétitif pourrait me jouer des tours, se réjouir de ma perte. C'est du moins ce que je crois, tant je nourris mon esprit de scénarios paranoïaques.

En matinée le lendemain, j'ai retrouvé un semblant de calme. Vidé et encore sous le choc, je me considère chanceux que la crise ait eu lieu un vendredi soir. Je dispose de la fin de semaine pour refaire mes forces, avant le retour à l'école. Pendant deux jours, je tente de retomber sur mes pattes. J'essaie de me reposer, de dormir, mais je n'arrive pas à trouver un sommeil profond. La peur de ne pas me réveiller ou d'être victime d'une autre attaque est omniprésente. Néanmoins, je parviens à m'apaiser. Le pire est passé.

Le lundi suivant, je me rends à l'École nationale. Première activité, le cours de chant. Le professeur de l'époque, aujourd'hui décédé, est un hyperactif qui nous fait beaucoup travailler. Compositeur et créateur talentueux mais n'ayant pu se réaliser, il pianote avec furie. Il ne respire pas, sa musique non plus. Tout est martelé, volontaire, excessif. De devoir ainsi m'époumoner et reprendre sans arrêt les mêmes couplets a quelque chose de militaire. Si tôt le matin, encore un peu dans les bras de Morphée, je me sens comme un buvard. Je capte et absorbe le stress du professeur, à la manière de vases communicants. Par un effet de symbiose, j'ai l'impression de me projeter en lui. Je n'écoute plus sa musique, mais sa mémoire, ce qu'il porte dans ses gènes, et qui lui pèse. Je ne ressens aucun plaisir dans ce local. Notre toute jeune classe de première année de l'École nationale s'évertue à donner le résultat parfait auquel aspire le prof. C'est ça, les outils pour respirer, jouer, faire vibrer?

C'est alors qu'arrive ce que je n'avais pas pu prévoir: une soudaine et très forte crise d'anxiété. Cette fois, je n'ai pourtant consommé aucune drogue. Sueurs, palpitations, vertiges et sensation de chute: je revis les mêmes symptômes qu'il y a trois jours. L'enfer recommence. La maudite spirale descendante s'ouvre sous mes pieds.

Isabelle Vincent, qui était dans ma classe, remarque mon état et s'informe de ce que j'ai. J'essaie de me ressaisir, de cacher mon trouble et de respirer. Pas moyen, il faut que je bouge. Ayant demandé au professeur d'aller à la toilette, je cours me mettre de l'eau froide sur la nuque en tentant de retrouver mes esprits. Mon corps est comme celui d'un étranger ou d'une marionnette. Je ne comprends pas ce qui m'arrive. Si ce n'est pas le joint cette fois-ci, alors qu'est-ce que c'est? Est-ce que c'est irréversible? Qu'est-ce que je vais dire à mes proches, à ma famille? Qu'est-ce que je vais faire?

Ça fait déjà cinq minutes que je suis là, devant le miroir, figé. Je dois rapidement regagner ma classe si je ne veux pas éveiller des soupçons et risquer de compromettre ma session. En passant par la cafétéria, je constate qu'il reste vingt minutes avant la fin du cours. Décidant de mimer l'effort pour ne pas flancher, je retourne en classe et me place à l'arrière du groupe pour chanter. Le cœur n'y est pas; je suis absorbé par un terrible constat. Il va me falloir composer avec un problème sérieux. Je sais que mon monde a changé à jamais. Ce sera une première certitude, le point de départ d'un long combat pour retrouver la joie de vivre.

* * *

Je me considère comme un laboratoire sur deux pattes. Mes expériences éprouvantes, liées aux troubles de l'anxiété, ont été un lieu d'apprentissage extraordinaire. Plus de trente ans après la crise initiale, je suis parvenu à me libérer de ces troubles. Au cours de multiples essais et erreurs, j'ai développé un langage et des images qui m'ont outillé pour vivre de plus en plus pleinement l'existence.

J'ai toujours senti qu'il fallait que je traverse ce désert. Même dans les moments les plus noirs, les plus pénibles, les plus terrifiants, il y avait pour moi une lueur d'espoir. Une petite lumière qui ne s'est jamais éteinte. J'étais persuadé d'avoir les capacités pour régler ce déséquilibre. La tâche qui m'attendait était énorme, mais il me fallait coûte que coûte découvrir l'origine du problème. Comme un mécanicien qui démonte une voiture, je me suis engagé à inspecter chaque morceau de ma mémoire, de mon esprit et de ma nature. J'avais la certitude qu'un jour, je pourrais raconter mon expérience et partager les perspectives et les balises que j'ai découvertes dans ce voyage initiatique.

Je réalise maintenant que j'ai toujours été porté par un appel fondamental : éclaircir, éclairer, nommer, alléger. Le besoin de raconter ce que j'ai vécu et les prises de conscience qui en découlent sont au cœur de mon histoire personnelle. À ma façon, j'ai traduit ce mal de l'âme. Cette histoire de guérison pourrait s'apparenter à un film ou à une pièce de théâtre avec personnages, scénario et décors. Si la trame principale est dramatique, voire tragique par moments, ma capacité de rire et de m'amuser a été extrêmement précieuse pour supporter ces épreuves. Sans l'humour, j'aurais pu devenir fou ou, qui sait, me retrouver six pieds sous terre.

Pour en avoir parlé à beaucoup de monde d'horizons divers, je sais aujourd'hui qu'énormément de gens souffrent de troubles anxieux. Il y a plus de détresse qu'on pense dans notre société. Les troubles psychologiques et les problèmes de santé mentale sont courants. Il semble que le sujet soit encore extrêmement tabou. Dans bien des familles et des milieux de travail, la crainte de l'étiquette négative et de la stigmatisation impose le silence et fait des ravages.

Je considère essentiel de livrer mon témoignage. J'ose espérer que cet ouvrage sera utile. N'étant ni docteur, ni psychologue, ni spécialiste, je suis néanmoins convaincu que je peux aider des personnes à mettre de l'ordre dans le chaos qu'elles vivent. Tout être humain aux prises avec l'anxiété doit trouver les moyens qui lui conviennent pour aspirer à recouvrer la sérénité. L'intensité et le type de détresse propres à chacun nécessitent une approche et un traitement particuliers. Je suis pour ma part arrivé à débroussailler suffisamment le chemin pour y voir nettement plus clair et me libérer de ce terrible handicap. Si j'avais fait fausse route, je ne serais jamais parvenu à pratiquer mon métier, à prendre l'avion et à me lancer dans une foule de projets créateurs. Mon parcours a été chaotique, mais c'est la voie que j'ai empruntée pour rassembler les morceaux du casse-tête.

Moi qui adore le documentaire, je vous propose donc un récit personnel qui met l'accent sur les épisodes d'anxiété que j'ai vécus, sur ce qui a favorisé ou amplifié leur manifestation, ainsi que sur les étapes qui m'ont conduit à leur résolution. Je privilégie un point de vue subjectif et relatif. Ce que j'ai ressenti conditionne inévitablement mon regard sur les événements et sur mon entourage. Je ne prétends pas faire une étude clinique ou scientifique. Je rapporte simplement des moments charnières de mon existence, essentiellement les plus difficiles. Ils ont cependant fini par m'éclairer. Le résultat est une authentique histoire de guérison et de métamorphose qui, je l'espère de tout cœur, soulagera ceux et celles qui souffrent en silence. Pour qu'à leur tour, ils prennent la parole.

Chapitre 1
Naître la peur au ventre

Le 8 avril 1961, à 23 h 45, je vins au monde à Québec. Avec une semaine de retard, je me présentai par le siège et avec le cordon autour du cou. L'accouchement dura vingt-quatre heures. Ce fut si difficile pour ma mère qu'elle dut être endormie. Des cinq fois qu'elle donna naissance, ce fut de loin la plus éprouvante. J'étais vissé à elle et je refusais obstinément de sortir. Je frôlai d'ailleurs la mort, et mes premières heures sur terre se passèrent sous la tente à oxygène. Moi qui n'ai jamais été du type plein air, ma vie débuta par du camping !

Je connais aujourd'hui une partie de ce qui a teinté mon difficile passage. Ma mère m'en a fait la confidence et le récit. En juillet 1958, trois ans avant ma naissance, naquit mon frère Philippe. Si son arrivée était certainement une grande source de joie, ce bonheur fut cependant de courte durée. Son décès arriva subitement, alors qu'il fut emporté la même année par une méningite, à quelques jours de Noël. Ce terrible événement eut une incidence profonde sur ma famille. Chez nous, la période des Fêtes était toujours, il me semble, teintée de tristesse. Elle nous rappelait inévitablement l'absence de Philippe.

Lorsque ma mère tomba enceinte de moi, une crainte l'envahit. Elle désirait mon arrivée, mais redoutait des complications. Il y eut une période où elle ne voulut pas trop s'attacher à moi. J'ai probablement ressenti son état émotif causé par une tragédie antérieure.

Je me suis toujours ennuyé de ce frère que je n'ai pas connu, comme si j'avais perdu un jumeau ou une partie de moi-même. Cela laissa en moi un grand vide que j'allais chercher à combler. Son départ prématuré et le réflexe normal de ma mère d'anticiper un autre drame ont eu des répercussions sur ma vie. Bien que ma mère ne m'ait jamais comparé à lui ou fait me sentir illégitime, j'ai longtemps été habité par le syndrome de l'imposteur, comme si je jouais un rôle qui n'était pas le mien. Par ailleurs, au-delà des difficultés initiales, j'arrivai sur terre avec un sentiment de crainte très profond.

Ma peur de la vie me sauta en plein visage. Cette peur au ventre, je la portais comme un poids. Je ne savais pas quoi en faire, d'autant plus qu'elle avait une qualité particulière : elle m'a toujours paru très vieille et indéfinissable, comme si je n'avais aucune prise sur elle. Une astrologue m'a déjà dit : «T'es venu expérimenter le lâcher-prise. » L'image était claire, tout comme le programme qui m'attendait. Comment faire face au défi d'embrasser la vie quand on manque autant de courage ?

Je me suis longtemps demandé ce que je portais dans mes gènes – et, j'oserais dire, dans mes gênes – pour ressentir cela. Mû par mon élan naturel pour tout ce qui touche à l'histoire et à la mémoire, j'ai cherché, trouvé et rassemblé des informations relatives au parcours de mes proches et de mes aïeux. Je réalise que mon être est habité par des résonnances et des couleurs fort anciennes qui remontent bien au-delà de mon existence, et qui expliquent en partie ma nature, mes paradoxes et mes tiraillements. Le terreau généalogique était déjà très fertile quand mes premières crises d'anxiété se sont manifestées. Cela m'a donné des éléments de réponse, car je ne crois pas au hasard.

Mes ancêtres français

La lignée des Coquereau est issue de la Vendée et de la vallée de la Loire. Ce sont des régions de l'ouest de la France qui abritent de célèbres et nombreux châteaux, forteresses et cathédrales. Mes ancêtres ont eu des rapports intimes avec les pouvoirs religieux, militaire et aristocratique. Au XVIIIe siècle, durant la Révolution française, ils étaient pour la plupart royalistes et catholiques, et ne voulaient pas de la République. Plusieurs conflits et déchirements ont marqué ces régions, entre des forces plus conservatrices et traditionalistes auxquelles s'identifiaient les Coquereau, et des mouvements plus progressistes apparus avec l'arrivée de la démocratie et de l'ère industrielle.

Fait particulier, des objets issus de la noblesse, tels de l'argenterie Christofle et des mousquets, ont été retrouvés dans la proche famille, alors que depuis quelques générations, les Coquereau étaient fermiers ou meuniers. Y a-t-il eu une chute de statut à une certaine époque ? Malgré quelques recherches plus poussées effectuées par des oncles et tantes, il semble y avoir des brèches, des trous ou des informations volontairement étouffées, toutes reliées à un hypothétique scandale. Le copinage entre les différents paliers de pouvoir ayant toujours existé, serait-il possible qu'il y ait des secrets de famille honteux cachés sous le tapis ?

Nul doute que notre histoire est marquée par l'aristocratie et la religion. En 1840, un certain aumônier Félix Coquereau s'est rendu avec une frégate française à Sainte-Hélène, dans l'Atlantique Sud, pour récupérer aux Anglais les cendres de Napoléon 1er et les ramener à Paris, où elles ont été déposées aux Invalides. Les traces laissées par des rapports parfois ambivalents avec les sphères de pouvoir sont perceptibles chez les Coquereau ; on retrouve dans nos fibres un mélange de fierté, d'orgueil et de honte, de même qu'un certain penchant pour la superstition. Comme si l'histoire avait marqué au fer rouge notre parcours et notre destinée.

Mon grand-père paternel est le seul de sa famille qui s'est marié et a eu des enfants. Ses six frères et sœurs sont entrés dans les ordres, poussés par leur mère pour une raison obscure qu'aucun membre de la fratrie, ici comme en France, n'a réussi à élucider. Mes grands-parents paternels, qui vivaient sur une ferme, ont souffert des visites répétitives des membres du clergé, qui ne se privaient pas pour s'inviter, profiter de la beauté des lieux et des produits frais de la campagne. Mon père a toujours été fâché par cette attitude princière. Sa grand-mère et ses oncles et tantes religieux s'entendaient très bien avec la noblesse locale, marquis et marquise, reliquats de l'aristocratie française. Cette aversion pour la hiérarchie et l'injustice était viscérale chez mon père, mais aussi ma mère, qui souffrait des contraintes liées à l'image et aux obligations dans sa famille bourgeoise.

La Seconde Guerre mondiale marqua profondément mes parents, qui côtoyèrent des horreurs et des atrocités parmi lesquelles l'Occupation, le rationnement et les bombardements. Bien qu'ils fussent sains et saufs à l'issue du conflit, ces terribles épreuves ont laissé chez eux des souvenirs pénibles. Entendre le bruit des explosions devait certainement être très difficile à vivre, tout comme les privations et la peur constantes. Mon père et ma mère n'ont d'ailleurs jamais cessé de nous rappeler que la guerre n'est pas un jeu.

COUP DE GUEULE

LES RELIGIONS

Les religions ont été à l'origine de nombreuses guerres au cours de l'histoire. Leur arrogance et leur violence ont généré des massacres, des tortures et des abus auprès des plus faibles, notamment les homosexuels, les autochtones et les femmes. Je ne les aime pas et elles me scandalisent.

De tout temps, les religions ont envoyé des doubles messages et entretenu la culpabilité. Leur mode de fonctionnement qui nous ferait voir la lumière est si lourd qu'il nous plonge plutôt dans une opacité totale. Elles prônent la loi du cœur, alors que leurs structures moyenâgeuses, pyramidales et hermétiques freinent tout élan de spontanéité. Comment peut-on se déclarer représentant de l'amour universel lorsqu'on s'affuble de titres pompeux? Qu'il s'agisse de Jean XXIII ou de Louis XIV, je ne vois aucune différence dans la célébration de ces ego avides de pouvoir.

Peu importe le dogme, la polarité y est érigée en modèle : bien ou mal, ciel ou enfer, bienheureux ou damnés. Le soi-disant pouvoir divin autorise la stigmatisation et la souffrance, au nom d'un absolu que je considère comme pervers.

L'aspect spirituel de la vie me porte, mais tout ce qui est religieux me pèse. J'ose rêver que nous retrouverons un jour notre nature d'êtres créateurs et libres, et que nous cesserons de vivre dénaturés, en mode clonage, en nous raccrochant à la sécurité de croyances désuètes.

De la France au Québec

À la fin de la Deuxième Guerre mondiale, la France entrait dans une longue période de reconstruction. Le logement demeura un problème pendant plusieurs années. Mon père travaillait pour l'entreprise de son beau-père, spécialisée en couvertures pour les toits, et qui était attenante à la maison familiale. Ma mère y avait aussi un emploi de secrétaire. Mes parents s'installèrent donc dans un petit appartement au-dessus d'où habitaient mes grands-parents maternels. Ils vécurent ainsi pendant quelque temps.

Puis, mes parents se marièrent et fondèrent une famille, tout en demeurant au même endroit. Rapidement, ils s'y sentirent à l'étroit. Leur vie privée était hypothéquée chaque fois que ma mère tombait enceinte, comme s'ils devaient rendre des comptes. Le désir de s'affranchir de la tutelle de mes grands-parents devint de plus en plus évident, et comme ces derniers étaient dans les affaires et disposaient de beaucoup de contacts, mes parents envisagèrent de s'éloigner le plus possible. Ils décidèrent donc de traverser l'Atlantique par bateau, en 1957, pour s'installer au Canada. Ma sœur et mes frères, nés outre-Atlantique, étaient du voyage.

Émigrer dans un autre pays n'est jamais simple. À cette époque, un fossé énorme séparait la France et le Québec. Même si la langue commune était le français, les codes de communication, le quotidien, le rapport à l'image, les croyances, le contexte politique et économique, bref, beaucoup de choses éloignaient les deux nations. Ce fut donc un apprivoisement intensif pour ma famille nouvellement débarquée. Mes parents étaient débrouillards, organisés et tenaces, et malgré les contraintes, ils parvinrent à faire face à leurs obligations et à composer avec leur nouvelle réalité. Ce fut loin d'être toujours aisé pour ma sœur et mes frères, qui vécurent par moments leur transplantation avec difficulté et appréhensions. C'est ce qu'on appelle le choc des cultures.

Je me joins à la famille

Je suis le cinquième d'une famille de quatre enfants vivants. Il y eut d'abord ma sœur aînée, Catherine, qu'on appelle Cathy, puis François et Jean-Louis, qui me précédèrent. Philippe et moi sommes les seuls à être nés au Québec. Le décès de Philippe a créé un fossé entre mes frères, ma sœur et moi. Les trois plus vieux sont rapprochés, alors que cinq ans me séparent de Jean-Louis. Cet écart a eu un impact sur moi. J'étais enfant, et eux ados. Quand je fus ado, ils étaient partis. J'ai toujours cherché à combler cet écart, comme si ma survie en dépendait.

Durant toute mon enfance, ma mère était femme au foyer. Cordon-bleu, couturière, ménagère et gestionnaire hors pair, grâce à elle, la maison a toujours été impeccable. Mon père, dessinateur en architecture, réalisait de magnifiques perspectives pour des projets d'envergure. Il avait aussi un talent fou pour la caricature; quelques coups de crayon et on reconnaissait quelqu'un.

Mon grand-oncle Francis complétait le portrait familial. Arrivé à Québec en 1927, cet oncle de mon père était vicaire dans la très bourgeoise paroisse de Saint-Cœur-de-Marie, en haute-ville. Les dimanches, nous allions l'entendre à la messe, davantage pour la forme que pour les croyances catholiques. Mon père ronflait souvent durant l'office, ce qui nous faisait rire. Ce grand-oncle représentait pour moi une assise, un coffre aux trésors et un pont avec la France lointaine. J'étais fasciné par la théâtralité de la messe, la grandiloquence, l'odeur de l'encens et l'hostie qui collait au palais. Je ne comprenais rien à toutes ces litanies, tous ces mots récités de façon monocorde par les prêtres, d'autant plus que le son du haut-parleur était pourri, amplifié par une architecture qui générait beaucoup d'écho.

Après la messe, le grand-oncle Francis venait manger à la maison. Puis, il nous montrait des diapositives et des films de ses voyages, se baladait avec nous à la campagne, racontait des anecdotes ou faisait des tours de magie. C'est le premier acteur que j'ai connu! Nous jouions souvent au Scrabble avec lui. Je découvris là mon amour des mots. Ma sœur, mes frères et moi avons reçu une éducation à la française, plutôt stricte, mais qui nous a servi dans la vie. Colérique et têtu par nature, j'ai reçu mon lot de fessées et de pénitences. L'environnement familial demeurait très encadré et mes parents veillaient à ce qu'on ne manque de rien, faisant de leur mieux pour nous outiller.

L'ordre, l'amour du travail soigné, la curiosité ainsi que le goût des arts, du voyage, de l'espace et de la nature m'ont aidé plus tard dans mes moments de déroute. Cependant, l'inquiétude omniprésente minait souvent l'atmosphère chez nous. Cela partait certainement d'un désir de bien faire, de répondre aux difficultés et de chercher des solutions aux problèmes pratiques du quotidien. Le climat ambiant souffrait néanmoins de cette obsession du détail. On sait que la crainte de ne pas réussir quelque chose peut entraver l'élan. Toute quête d'absolu, peu importe la qualité sous-jacente, peut générer un déséquilibre et devenir un défaut.

Outre l'inquiétude, j'ai toujours ressenti dans ma famille une forte émotivité, de la susceptibilité, une fierté qui devenait parfois orgueil, mais aussi une grande capacité de rire. Le rire a toujours été d'un grand secours à la maison. Nous avons le sens du drame, mais également du talent pour désamorcer les situations. Il y a quelque chose de très théâtral dans ma famille. Nous pouvons être enflammés, emportés, agités, très sérieux ou contemplatifs. Par contre, et par bonheur, le sens de l'humour et de l'absurde en particulier a été et constitue encore une véritable bouée de sauvetage.

Le talent de dessinateur de mon père de même que le formidable sens de l'organisation de ma mère m'ont donné des capacités de synthèse et de recul essentielles dans les circonstances difficiles que j'allais traverser. Ordre et espace sont des thèmes majeurs dans ma famille. Ce sont des outils qui m'ont permis de faire face au chaos. Je reconnais aujourd'hui que j'ai intégré tous ces aspects qui viennent de mes parents, de mes frères et de ma sœur, de mon grand-oncle, mais aussi de mes grands-parents maternels, que j'ai bien connus. La génétique et la mémoire transmettent une multitude de caractéristiques de génération en génération, c'est désormais prouvé.

Entre l'insouciance et la peur

Tout petit, je ressentais beaucoup les atmosphères, les êtres humains, les lieux et les objets. En véritable buvard, j'enregistrais intensément ce que je rencontrais. Tout semblait me traverser le corps et s'inscrire dans mes fibres. Aussi mes premières années furent-elles marquées par des sensations récurrentes, heureuses ou inquiétantes. Je baignais constamment dans des impressions, comme si la qualité vibratoire de mon environnement était ma nourriture principale. Je me souviens très bien, par exemple, du landau blanc capitonné, avec courroies de plastique, dont les ressorts de métal faisaient un bruit si caractéristique. Le mouvement régulier et la suspension des roues rendaient les promenades agréables. Je me sentais délicieusement porté, autant que s'il avait toujours fait soleil !

Je ressentais un état permanent de solitude, d'étrangeté et d'émerveillement, comme si j'arrivais sur cette terre d'abord et avant tout en tant qu'observateur. En m'amusant à regarder et à contempler, j'aiguisais ma curiosité. Ma créativité se développait, et mon imagination débridée inventait des scénarios. Je dessinais sur de grands cartables de feuilles d'architecte ramenés à la maison par mon père. En utilisant une page par image, je composais des histoires qu'on pouvait par la suite dérouler, à la manière d'un film. Des blocs de construction, des petites autos, des marionnettes, des casse-têtes ou de la pâte à modeler constituaient l'essentiel de mon univers. Je combinais souvent plusieurs de ces éléments pour créer des mondes dont je connaissais les règles.

Seul au monde avec ma mère pendant que la famille était à l'école ou au boulot, je me sentais protégé, aimé et libre. Très souvent, pendant qu'elle faisait la cuisine ou le ménage, j'allais lui montrer mes œuvres ou mes personnages. De la musique classique venait parfois agrémenter l'atmosphère ludique et nourrir mes créations. C'était très inspirant et j'aurais voulu que ces moments magiques durent éternellement. Je garde un souvenir très idéalisé de cette portion quotidienne de mon enfance. Les photos de moi bébé montrent un enfant souriant et lumineux.

Parallèlement à cette insouciance, je me rappelle en contrepartie d'étranges états qui m'habitaient et que la vue de certains jouets déclenchait. Il me reste des souvenirs d'oppression soudaine, comme si tout à coup le ciel s'obscurcissait. Mon monde si inoffensif devenait alors inquiétant, lourd et chargé. Mes jouets n'étaient plus mes complices et semblaient se rebeller. On aurait dit que la vie que je leur avais insufflée s'emballait et cherchait à se venger. Ça me rendait anxieux, comme si mon pouvoir créateur me dépassait et que je ne pouvais plus contrôler la situation.

Je me souviens de ce caniche noir en plastique. Ou encore de ce casse-tête à gros morceaux où un agneau sautait un muret. Sa face était sombre et le ciel nuageux. Je défaisais et refaisais compulsivement l'image, qui m'obsédait. J'avais aussi un petit clown mécanique qui tapait frénétiquement sur un tambour. Il me faisait très peur. Son sourire crispé et la texture de son nez rouge en plastique m'inquiétaient. Je craignais toujours qu'il ouvre la bouche et me jette un mauvais sort. Si vous avez vu le film *Poltergeist*, vous savez de quoi je parle. Je me souviens d'une scène effrayante, où un petit garçon se trouve piégé par son clown jouet caché sous le lit, et qui l'attaque par surprise. En fait de cauchemar, c'est un morceau d'anthologie. La même appréhension m'habitait face à mon petit automate dont je craignais les pouvoirs cachés.

D'autres moments de mon enfance m'ont toujours paru bizarres, comme si le temps s'était subitement arrêté et que je flottais entre deux mondes. Voici quelques souvenirs qui me rappellent que j'étais déjà prédisposé à vivre de l'anxiété.

Un après-midi, ma mère était étendue sur un canapé du salon, à faire la sieste. Immobile, on aurait dit qu'elle venait de mourir. Incapable de parler, je regardais dehors. Le ciel était gris et tout me semblait sinistre, comme si toute vie avait définitivement disparu.

Je me souviens également de m'être retrouvé seul face à deux enfants qui me menaçaient dans la cour d'une école primaire, en fin d'après-midi. Ils devaient avoir huit ou neuf ans, alors que j'en avais quatre. Totalement à leur merci, je pleurais et implorais leur pitié. Ce qui précéda et suivit cet événement est toujours demeuré flou.

Un autre souvenir. Dans un grand magasin du centre-ville de Québec, ma mère faisait des emplettes et je la suivais distraitement. Les rangées étaient pleines d'objets qui captaient mon attention. Soudain, ma mère disparut. Affolé, je me mis à courir et à la chercher désespérément. Une cliente s'approcha et me posa des questions. Terrifié, je n'osai pas lui répondre. Elle m'entraîna au comptoir des renseignements, où le préposé me demanda en vain mon nom, tant j'étais inconsolable. Il finit par envoyer un message sonore dans tout le magasin, priant ma mère de se présenter au même comptoir. Honteux et coupable de m'être ainsi égaré, j'étais certain qu'on allait m'annoncer la disparition définitive de ma mère. Évidemment, celle-ci arriva et le drame prit fin.

Combien de fois me suis-je caché dans ses jupes quand on allait au supermarché ! La froideur et la hauteur des allées me dépassaient. Les gens avaient l'air de géants poussant des prisons sur roulettes. Les employés affairés me stressaient, à force d'inscrire mécaniquement les prix sur les produits ou d'emballer rapidement les commandes. Je ne souhaitais alors qu'une chose : rentrer à la maison, au chaud, et me blottir dans les coussins moelleux de nos gros divans avec lesquels ma sœur et mes frères construisaient des forts, des cabanes ou des châteaux.

Tant qu'il faisait jour et que je me sentais entouré des miens, la vie me semblait radieuse. Mais dès que j'étais seul, la peur s'installait. Tout petit, je partageais la même chambre que ma sœur Cathy. Sa présence était rassurante, d'autant plus que je commençais à faire des fièvres nocturnes. Il m'arrivait d'avoir des nuits agitées, comme si j'entrais dans un autre monde où j'étais coupé de la réalité. Au réveil, le gros piano bleu et droit, mon lit à barreaux et les boiseries des cadres de porte me réconfortaient, me confirmant que le cauchemar était bel et bien terminé.

Il y a quelques années, j'ai eu l'occasion, avec ma sœur, de revisiter cet appartement où j'ai vécu de ma naissance jusqu'à mes quatre ans. Prétextant vouloir faire une offre d'achat, j'ai longuement scruté les lieux. Mis à part la toilette et la cuisine entièrement rénovées, tout le reste était demeuré identique. À la fois heureux et troublé de renouer concrètement avec le cadre de mon enfance, j'ai ressenti que beaucoup de choses m'échappaient. Les murs et les garde-robes étaient toujours présents, mais restaient des témoins silencieux. J'aurais tellement aimé pouvoir les faire parler pour qu'ils rafraîchissent ma mémoire.

Manger des montagnes

En 1965, ma famille déménagea à quelques rues de là, dans un grand neuf et demie. Cet appartement lumineux possédait entre autres des planchers de bois franc, des portes françaises ainsi qu'un long corridor. Mes parents travaillèrent fort pour rénover ce bijou d'architecture en plein cœur du quartier Montcalm. On y trouvait quatre chambres spacieuses. Je disposais donc d'une pièce à moi. C'est dans cet espace que je me suis inventé un monde dont j'avais besoin pour m'apaiser. Cette chambre où j'ai grandi était un refuge. De nature solitaire, je m'entourais de mes jouets. Je créais des villes et des royaumes imaginaires que mon couvre-lit à carreaux me permettait de délimiter. Ces jeux me rassuraient, dans la mesure où je contrôlais la situation.

La nuit venue, une autre dynamique s'installait. Je n'avais plus de prise et ça me faisait terriblement peur. Ces rendez-vous avec la noirceur étaient difficiles, d'autant plus que jusqu'à l'âge de douze ans, de fortes fièvres occasionnelles pouvaient se déclencher. Outre la sensation désagréable de perdre mes repères avec le monde réel, je me réveillais parfois paralysé, ou avec la bouche pâteuse et un goût d'amertume, comme si j'avais mangé du métal. Les sons devenaient étouffés, et tout mon rapport à l'espace était faussé. La tête au bord du lit, je regardais le plancher comme si j'étais en haut d'une falaise.

Une nuit, il m'arriva de me réveiller complètement désorienté, la tête au pied du lit, sous les couvertures, à chercher désespérément la sortie. Pris au piège, je criai et mes parents accoururent. Bien qu'ils fussent tout près de moi, ils me semblaient éloignés physiquement. Ils m'aidèrent à me lever pour aller à la toilette. Je crachais à répétition dans la cuvette en leur répétant sans cesse : « Je mange des montagnes. » C'est une des choses les plus troublantes que j'ai vécues : cracher en ayant l'impression que de gros blocs de pierre sortaient de ma bouche.

Durant cette période, mes nuits étaient parfois chargées de cauchemars qui m'habitaient longtemps. La plupart du temps, j'étais traqué par des monstres ou de petits bonshommes qui sortaient de sous mon lit et couraient après moi en riant. Ces rêves avaient quelque chose de si réel que je me réveillais bouleversé le lendemain matin.

Plusieurs ont été marquants, dont celui où je me trouvais avec toute ma famille, au salon, à regarder l'un des films de voyage de mon grand-oncle. Mis à part le projecteur et l'écran qui diffusaient de la lumière, tout le reste du grand appartement était plongé dans le noir. À un certain moment, ma mère me demanda d'aller lui chercher un mouchoir dans le petit garde-manger situé à l'autre extrémité de la maison. Lorsque j'arrivai dans la remise, un fantôme blanc aux yeux noirs me prit par surprise. Il se tenait sur une étagère et me regardait fixement, l'air méchant. Je voulus me retourner pour fuir, mais mon corps ne répondait pas. Tentant de crier et d'appeler au secours, aucun son ne sortait de ma gorge. Je me réveillai en sursautant.

Lorsqu'il était temps d'aller au lit, je ne me sentais pas à l'abri. Je laissais souvent ma porte ouverte pour voir la chambre de ma sœur, qui se trouvait face à la mienne. Cathy lisait souvent tard, et tant que j'apercevais un filet de lumière sous sa porte, ça pouvait aller. Mais aussitôt qu'elle éteignait, je montais les couvertures sous mes yeux, aux aguets. J'avais le sentiment d'être surveillé. Je faisais le moins de mouvements possible pour ne pas réveiller les démons. L'immobilité était un gage de sécurité.

Quand ça devenait trop pénible, il m'arrivait d'aller doucement cogner à la porte de mes parents. « Maman, j'ai peur… » Elle me faisait une place à ses côtés et je m'endormais. Mon père se réveillait, souvent irrité de devoir aller me porter dans mon lit. Combien de fois ai-je répété ce manège ! J'enviais mes frères et ma sœur de ne pas se sentir aussi vulnérables. Cette difficulté permanente de trouver le sommeil me faisait souffrir. Je le percevais comme un handicap d'autant plus difficile à vivre que je ne pouvais pas le partager avec mon entourage. Où trouver un écho à cette impression constante d'être si différent ?

Un enfant coupé en deux

La première fois que j'entendis la voix de Gérard Philippe récitant harmonieusement *Le Petit Prince*, je me sentis aussitôt captivé, intrigué et touché. Cette histoire à caractère philosophique eut un effet puissant sur moi. Je l'écoutais et la réécoutais sans cesse, tant j'avais besoin de l'entendre. Quelques années plus tard, je pouvais enfin la lire moi-même pour m'en imprégner davantage.

La même chose se passa avec *Alice au pays des merveilles*. Je me sentais dans mon univers. Ce fut à la fois un grand soulagement et un ravissement. Dans les deux cas, je m'identifiais à des héros solitaires, seuls représentants d'une sensibilité particulière, dans des mondes hostiles et remplis d'énigmes à résoudre. En relisant maintes fois ces deux contes, j'eus l'impression qu'on racontait mon histoire et qu'on traduisait exactement mes états d'âme. Il s'agit de deux voyages initiatiques, un dans les étoiles, l'autre sous terre, où il est demandé de répondre à des questions, de réussir des épreuves, pour être ensuite autorisé à franchir des portes et accéder à d'autres niveaux de conscience ou de compréhension. Ces portes étant difficiles ou impossibles à ouvrir si on n'a pas la clef, il reste deux possibilités : les défoncer ou rebrousser chemin. Ouvrir la porte et explorer l'inconnu, ou la laisser fermée et demeurer dans ce que l'on connaît.

Enfant, je ne détenais pas les clefs me permettant d'avoir une vue d'ensemble de l'infini labyrinthe de la vie. Les paramètres qui allaient jalonner tout mon parcours étaient déjà inscrits et présents. J'étais divisé, coupé en deux parties distinctes. Tout ce que je voyais ou ressentais était teinté par la dualité. L'attrait pour la polarité, les contraires, les opposés, était directement proportionnel à un désir de quiétude et d'équilibre. Le tiraillement constant entre une soif absolue de sécurité et une quête profonde de liberté allait me suivre toute ma vie. En fait, c'est mon trait de caractère fondamental. Je suis un paradoxe ambulant.

Le vieil adage « Si tu veux la paix, prépare la guerre ! » aurait pu décrire une de mes deux facettes dès la petite enfance. En bon Bélier régi par Mars, dieu de la guerre, j'étais toujours en croisade, poing en l'air, à rechercher la justice, l'idéal ou la vengeance.

On aurait pu aussi inventer une devise pour décrire l'autre côté de ma personnalité : « Si tu veux la paix, cache-toi ! » J'aimais jouer à la cachette, disparaître dans les garde-robes ou sous le lit, espionnant les adultes ou m'évadant dans mes pensées. Secrètement, je cultivais le désir d'une revanche sur mes peurs nocturnes. Déterminé à être fort et invincible, je ruminais des plans pour être en mesure d'affronter l'adversaire, réel ou imaginaire.

Cette tendance à vouloir vaincre ou battre en retraite se manifestait dans ma passion pour les jeux de société. Quelle belle invention pour l'ego ! J'adorais gagner, mais je détestais perdre. Le jeu devenait essentiellement un enjeu. Évidemment, mes frères et ma sœur me testaient avec joie. Si bien que dès que le vent ne m'était plus favorable et que je perdais la face, je hurlais en envoyant promener tout le jeu, pour courir me cacher, bouder ou pleurer.

Ma charge émotionnelle était d'autant plus forte qu'elle se nourrissait d'une frustration permanente : celle de ne pouvoir participer aux activités des plus vieux. Je voulais être de toutes leurs découvertes et expériences, mais les années qui nous séparaient amplifiaient le sentiment d'écart, de décalage et de retard insurmontable que j'éprouvais, comme si j'arrivais inévitablement quand la fête était finie ou, pire, comme si je n'y avais jamais été invité. La peur du rejet ou de l'abandon était permanente, même si elle ne reposait sur rien.

Malgré tout, étant le bébé de la famille, je bénéficiais d'une attention particulière qui me sécurisait. La présence des miens était un ancrage dont j'avais besoin. Être le petit dernier ne me donna pas pour autant tous les privilèges. J'appris aussi à partager et à donner l'espace aux autres. Si le jour j'appréciais grandement l'attention et le cadre que me procurait ma famille, la nuit, les fantômes et les ombres prenaient le relais. Comme si j'allais à deux écoles de la vie, jusqu'à mon entrée dans la troisième, la maternelle.

Le début de l'autonomie

La première fois que je mis les pieds à l'école primaire Saint-Dominique, ce fut lors de la journée spéciale marquant le début de la maternelle. Collé à ma mère, je me retrouvai contre le mur, près de la porte de la classe. Totalement muet, j'assistai à des scènes déchirantes d'enfants qui hurlaient, pleuraient et couraient partout. Face à moi se trouvaient des jouets magnifiques : fermette en métal avec plein d'animaux de plastique, théâtre de marionnettes, pots de gouache, tableaux illustrant les fruits et légumes, blocs de construction, ciseaux, crayons et feuilles de couleur. Tout cela était tentant, mais je ressentais néanmoins un vertige. La peur de l'inconnu me donnait mal au ventre. J'aurais voulu me sauver en courant.

Je craignais les autres enfants. J'avais un accent français, ma culture n'était pas la leur. Toutes ces connaissances à absorber bousculaient mon monde. Il allait falloir que j'apprivoise beaucoup de choses. Les jours de semaine, ma mère m'accompagnait pour faire la route. Elle me laissait à l'école et revenait me chercher en fin d'après-midi. Cette routine dura un an. Constatant que les autres enfants allaient de plus en plus seuls à l'école, je me sentis rapidement handicapé, toujours dépendant de la présence d'un adulte. Un soir, au souper, je me mis à pleurer. Un camarade de classe avait relevé devant tout le monde que j'étais un peureux. Honteux et pitoyable, je ne voulais plus entendre ça. Ma mère me demanda si je me sentais capable de faire le chemin par moi-même. Dès le lendemain, je me rendis seul à l'école.

Mon école primaire se déroula sans difficulté majeure. Doué pour la lecture et fasciné par les lettres, les mots et les chiffres, j'obtenais des résultats scolaires solides, au point où je fus élu président de la classe avec une copine, Mireille. La jalousie et la compétition s'installèrent. Lorsque les professeurs nous donnaient des devoirs à faire en classe, c'était à celui ou celle qui finirait en premier. «Tout fini!» devint la phrase magique à prononcer à voix haute. L'élève le plus rapide allait porter fièrement sa feuille en avant, en prenant bien soin de vérifier l'impact de sa rapidité sur les autres.

Si j'étais fort dans les matières classiques, ce n'était pas le cas dans les sports de groupe, tels le ballon chasseur et surtout le hockey, que je détestais. Je n'ai d'ailleurs jamais appris à patiner. Je jalousais les sportifs du groupe qui s'amusaient de mes maladresses. Privilégiant le sport individuel, je suivis des cours au YMCA, où je fis de la gymnastique et devins bon nageur. Je pratiquai aussi beaucoup le vélo. Dans notre famille, l'activité physique était favorisée ; mes frères et ma sœur étaient à ce point en forme qu'ils devinrent moniteurs pour des colonies de vacances.

La vie dans le quartier Montcalm

Dans les années 1960, le quartier Montcalm grouillait d'enfants. Avec des amis du voisinage, nous jouions à la guerre ou faisions des chasses au trésor. J'organisais souvent les activités, inventant des expéditions et des conquêtes où une cause était toujours défendue, à grands coups de ruses, tactiques et stratégies.

Je cherchais à imposer mes idées, mon monde et mes règlements. La certitude d'avoir raison me motivait, et les autres devaient donc me laisser commander. À cette époque, je regardais religieusement *Les sentinelles de l'air*. Cette émission présentait une famille de héros marionnettes à qui l'on confiait des missions périlleuses toujours destinées à sauver l'humanité. Les cinq frères de cette escouade spéciale avaient chacun un engin volant ou aquatique doté de propriétés particulières. Je m'identifiais particulièrement à Scott, pilote de la fusée numéro un.

Cet état d'esprit m'animait tellement que je cherchais constamment à l'imposer à mes amis. Il fallait jouer à Batman ou encore à Ultraman, ce héros qui venait du Soleil et terrassait de terrifiants dinosaures. Le rôle de sauveur idéaliste m'allait comme un gant. Toujours prêt au combat, j'étais là pour parer aux catastrophes et remplir des missions dangereuses. Dans le cas où ces expéditions pouvaient m'éloigner du nid familial, ça posait cependant problème.

En effet, nous habitions tout près des plaines d'Abraham et, à l'époque, il y avait, paraît-il, un pédophile qui rôdait dans le parc. Ma mère, soucieuse de me protéger, insistait pour que je n'aille jamais trop loin. Un jour, je choisis malgré tout d'affronter l'inconnu. Avec deux amis, nous partîmes en vélo nous balader jusqu'au Château Frontenac, ce qui, dans mon esprit, était franchement dangereux. La peur au ventre, je transgressai l'interdit pour ne pas paraître trouillard. Après cette randonnée mémorable, je revins sain et sauf à la maison, fier mais coupable. Évidemment, je finis par tout raconter à ma mère, ce qui me valut une pénitence.

Fascination et peur de la nature

Durant l'été, nous prenions souvent des vacances en famille dans Charlevoix ou en Gaspésie. Le golfe et la beauté des grands espaces me touchaient énormément. Chaque fois, j'y plongeais avec l'impression de retrouver des racines, comme si j'avais vécu en ces lieux. L'état contemplatif qui se manifestait me faisait perdre avec bonheur mes repères habituels. Tant de beauté réveillait dans tout mon être une nostalgie particulière se traduisant par une équation qui peut sembler paradoxale. La contemplation déclenche en moi un dépaysement si fort que j'ai le sentiment de rentrer à la maison.

La nature m'a toujours fasciné. C'est la raison pour laquelle je préfère le documentaire à la fiction. Les animaux et leur monde sont pour moi une source inépuisable d'émerveillement. Pourtant, lorsque j'étais enfant, leur présence pouvait me rendre fort vulnérable. Très longtemps, les chiens m'ont fait si peur que je cherchais à les éviter, n'hésitant pas à changer de trottoir s'il le fallait. Je me souviens notamment d'un berger allemand qu'avaient des amis de la famille. Dès qu'il aboyait ou me reniflait, je me mettais à pleurer, convaincu qu'il allait me mordre.

La phobie irrationnelle des taons et des guêpes m'a suivi toute mon enfance. Leur aspect me terrorisait et j'étais incapable de les laisser m'approcher. En pique-nique, je pouvais me lever et courir comme un fou à la simple vue d'un de ces insectes. Une image agrandie d'une guêpe était la quintessence du cauchemar. Par son apparence similaire, le homard m'inspirait les mêmes sentiments. Mais ces sentiments ne m'empêchaient nullement d'en manger, je tiens à le préciser. L'orage était aussi un phénomène qui me terrifiait. La foudre me fit plus d'une fois courir au lit et me mettre l'oreiller sur la tête, pleurant et priant pour que la tempête se calme.

Ma crainte et mon attirance simultanées pour la nature étaient peut-être le reflet d'aspects méconnus qui m'habitaient, que je n'avais pas encore apprivoisés et avec lesquels je ne savais surtout pas composer. Si la présence de ma famille agissait pour l'instant comme un rempart sécuritaire, je demeurais intérieurement fortement ébranlé par l'inconnu, déchiré entre le désir de l'explorer et la hantise de m'y confronter.

De nouveaux mondes à découvrir

1967 fut l'année de l'Expo à Montréal. La métropole vivait une véritable expansion, tandis que la capitale somnolait.

J'eus un choc lorsque je visitai la grande ville pour la première fois. Le tunnel Lafontaine, le métro, la Place Ville-Marie, les autoroutes ; tout respirait l'effervescence et la modernité. Le site de Terre des Hommes était magique. À l'image des décors des *Sentinelles de l'air*, le futur était là, avec ses infinies possibilités. L'humanité pouvait vraiment aspirer à vivre un idéal extraordinaire.

Tous les pavillons m'enchantaient, surtout les pavillons thématiques. On y présentait des expositions sur des civilisations anciennes, et aussi sur le paranormal. Ces visites exercèrent sur moi une fascination majeure. Il y avait donc des chercheurs qui s'intéressaient à ces phénomènes et qui manifestaient une ouverture à la possibilité que des choses puissent sortir de l'ordinaire. J'étais ravi d'apprendre que, pour d'autres personnes, le monde ne se résumait pas uniquement à ce que la norme enseignait, et qu'il était probablement plus complexe et imprévisible que ce qu'on nous racontait. Il y avait des dimensions de la réalité qui nous échappaient, et l'exploration de la vie pouvait réserver une foule de surprises. Je n'avais pas assez d'yeux, tellement j'étais transporté.

De retour à Québec, je commençai à feuilleter le dictionnaire, des ouvrages d'architecture et des encyclopédies dont je regardais les images. Mon intérêt pour la culture générale devint constant. Les photos me faisaient voyager, de même que la musique classique qui jouait parfois à la maison. Tout cela nourrissait et libérait mon imagination. L'apprentissage des mots et de la lecture accentua ce penchant.

Le besoin de m'évader devint omniprésent. Ma future vocation m'apparut bientôt comme une évidence. Je sus très vite que je voulais devenir acteur. La télévision était une fenêtre vers un ailleurs meilleur. Les séries jeunesse de *La boîte à Surprise* et les émissions populaires telles *Moi et l'autre*, *D'Iberville*, *Le théâtre Alcan* ou *Les beaux dimanches* m'animaient au plus haut point. C'était un véritable coup de foudre que j'éprouvais pour les univers théâtral et télévisuel. Je désirais aller dans ces boîtes magiques. Fasciné par la scène, je voulais me déguiser et ouvrir les portes des décors derrière lesquelles se trouvaient, j'en avais la certitude, des corridors donnant accès à d'autres mondes. Les films d'animation de l'époque me faisaient vibrer, tout comme les séries *XL5* et *Perdus dans l'espace*. J'adorais le fantastique, où le marginal et le bizarre repoussaient les frontières du réel.

Outre la télévision, les livres et la musique, j'aimais les musées. Ils déclenchaient en moi ce même état de fascination. Je me rappelle en particulier une partie de mon école primaire qui abritait un musée consacré à la faune et à la flore laurentiennes. Sur trois étages, il y avait de grands espaces vitrés où l'on pouvait voir des animaux empaillés dans des mouvements de chasse, de migration, ou avec leurs petits. Les décors étaient peints en trompe-l'œil, avec des éléments reproduisant des pierres et des végétaux en différentes saisons. Ce musée avait quelque chose d'intrigant. Malgré l'apparente fixité des décors, du mouvement et de la vie s'en dégageaient.

Il m'arriva quelques fois de m'y promener seul, durant la récréation ou à la fin des classes. Ces moments étaient sacrés et privilégiés. Dans le silence, je m'abandonnais à une espèce de rituel où je faisais systématiquement le tour du musée, rapidement et méthodiquement.

Une folle envie m'effleurait l'esprit de passer au travers des vitres et de me promener parmi les animaux empaillés.

À défaut de pouvoir le faire, je les fixais intensément, espérant et redoutant à la fois qu'ils se mettent à bouger. Lorsque l'impression devenait trop réelle, je me sauvais en courant, tout en me retournant pour être bien sûr que je n'étais pas poursuivi. Mon imagination s'emballait tandis que je m'amusais à me faire peur.

Premiers émois, premières déceptions

Les années passèrent, et avec elles, l'espoir secret que le monde de l'enfance ne se termine jamais. Noël et l'Halloween exerçaient encore un attrait sur moi. Ils combinaient le rituel, les cadeaux et les surprises. Si j'en avais eu le pouvoir, j'aurais opté pour le statu quo. Cet idéal d'un monde imaginaire et sécurisant s'éloigna du fait que ma sœur et mes frères étaient devenus adolescents et que le fossé qui nous séparait s'élargissait. Tandis qu'ils entraient à l'école secondaire et vivaient de nouvelles expériences, je m'accrochais à un univers qui se fissurait.

Comme la plupart des enfants, j'explorais en cachette ma sexualité naissante. Une fille de ma classe habitait sur le chemin de l'école, et je me mis à aller la chercher chez elle tous les jours. Nous nous enfermions dans sa chambre pour nous embrasser, sous le regard d'un christ en croix que je trouvais beau. Troublé par tant d'attirances simultanées, j'avais l'impression de jouer avec le feu. Notre relation était secrète. De vivre ainsi une relation d'intimité et de complicité m'excitait. J'étais l'heureux élu d'une demoiselle très populaire à l'école !

Cela dura quelques semaines. Puis, nous ayant surpris à travers le trou de la serrure, son jeune frère rapporta tout aux autres élèves, qui ne se gênèrent pas pour se moquer de notre amour. Cette trahison me démolit complètement. Notre relation prit fin et je me refermai dans ma coquille. Elle se détourna de moi et devint froide et distante, allant jusqu'à s'enticher d'un autre. Je vécus cette rupture comme un grand échec. Dès ce moment, je fermai longtemps la porte à toute attirance pour les femmes. Me méfiant des autres enfants, je me protégeai en m'isolant et en préférant la compagnie des animaux à celle de mes semblables.

Minette fut le premier chat que j'eus dans ma vie. Je l'aimais beaucoup. Elle me réconfortait et sa présence était un baume dans mes moments de fragilité. La vie allait cependant m'en séparer sauvagement. Un jour, elle se sauva de la maison. Son absence se prolongea, si bien que je sentis rapidement que quelque chose n'allait pas. Je sortis à sa recherche. Regardant partout dans la rue et autour du pâté de maisons, j'appréhendai le pire. Au bout d'une heure de vaines recherches, le propriétaire de notre immeuble arriva soudain en me lançant, sans une once d'empathie, et quasiment avec un sourire : « Je pense que c'est ton chat qui est mort écrasé sur le boulevard. » Affolé, je me rendis au coin de la rue et découvris le cadavre de Minette le long du caniveau. Atterré par sa mort subite et par la manière tout aussi brusque dont je l'appris, je vécus cruellement cette perte.

Une immense peine m'envahit. Une relation amoureuse s'était évanouie, mon chat était mort brutalement et mon enfance tirait à sa fin. J'avais le cœur à l'envers. L'idéaliste que j'étais ne voulait pas connaître le deuil. La norme de cette société ne me convenait pas. Je la trouvais trop dure, impitoyable, prévisible, et je refusais d'y adhérer. Je préférais protéger mes émotions d'ici à ce que je trouve l'idéal que je recherchais. Un changement s'opéra toutefois. Une attirance pour les hommes se mit à naître en moi. En lisant certains contes où les princes charmants faisaient figure de sauveurs, je me mis à tomber sous leur charme. À la télé, la série *Thierry la fronde*, dont le rôle-titre était défendu par le séduisant Jean-Claude Drouot, me fit l'effet d'un coup de foudre. J'étais envoûté.

Un retour aux sources

À l'été 1972, toute la famille fit un voyage en France, ce qui fut l'occasion de rencontrer les cousins, oncles et tantes. Mes parents planifièrent longtemps ce moment unique et privilégié. J'étais enchanté de pouvoir prendre contact avec mes racines. Le jour du départ, j'étais si excité que je ne dormis pas et fus malade durant le vol. J'arrivai épuisé et vidé à Paris. Mes grands-parents maternels nous invitèrent à manger au restaurant de la tour Eiffel, où je passai toute la durée du repas la tête couchée sur la table.

Ce fut un été exceptionnel. Entouré des miens et de ma famille élargie, j'avais des ailes, étant porté par une énergie fantastique. Je renouais avec une musique et une langue que je connaissais. Mes sens étaient nourris par cette sensation merveilleuse de me retrouver dans une espèce de film. Les châteaux et les monuments exerçaient un pouvoir fabuleux. J'imaginais avec plaisir la vie à la cour, les intrigues, les scandales et les grandes épopées. Autant à la mer qu'à la montagne, ce rêve éveillé était la concrétisation d'un idéal. Je ne voulais plus revenir à Québec.

Le choc du retour fut brutal. À commencer par l'odeur de renfermé quand nous pénétrâmes dans l'appartement. Après tant d'intensité, d'émotions et de joie, me retrouver face à l'absence, la distance et la réalité du quotidien fut pénible. J'éprouvai un grand vide, que l'automne et le retour à l'école ne pouvaient qu'accentuer, et beaucoup de difficulté à partager mes souvenirs de voyage avec certains amis, qui me boudèrent, ne voulant en aucun cas entendre que la France puisse être un beau pays.

Pourtant, le pire arriva quelques semaines plus tard. Un jour de septembre, mon grand frère François se sauva de la maison en laissant une note sur la table de cuisine. Le cadre familial ne lui convenait plus. Pour toute ma famille, ce départ imprévu eut l'effet d'un tsunami. Cette coupure soudaine fut l'un des événements les plus tragiques que j'eus à vivre. Une absence aussi foudroyante équivalait à une amputation à froid. Le choc fut si dur à encaisser que pendant des années et des années, je m'accrochai désespérément à l'espoir que ce grand frère revienne vivre à la maison. Le sentiment d'abandon était trop terrible. Par crainte d'avoir trop de peine, je mis du temps à m'avouer ce que je savais pourtant déjà : cet événement marquait la fin de mon enfance.

CHAPITRE 2
Mal dans ma peau d'adolescent

L'adolescence fut une période oppressante qui me troubla profondément. J'eus beaucoup de difficulté à composer avec les changements physiques et physiologiques. Un sentiment d'inadéquation m'habitait, même si, en apparence, je fonctionnais normalement.

Mon attirance pour les hommes grandissait et je vivais cela comme un drame. J'appréhendais fortement les questions du genre « as-tu une blonde ? » ou « c'est quoi ton genre de filles ? ». Telle une épée de Damoclès, cette situation me stressait. Je me comparais continuellement aux autres. Incapable de les rejoindre, je considérais la course comme perdue d'avance. J'avais beau être un premier de classe, je me sentais isolé et handicapé émotionnellement. L'extérieur me semblait menaçant, et les quelques tentatives que je faisais pour tisser des liens se soldaient par des revers. Ma vulnérabilité et ma fragilité étaient très grandes.

Par ailleurs, de curieuses expériences teintées d'une impression de décalage avec la réalité continuaient de se produire. Les vacances de Noël 1973 en furent un bon exemple, alors que ma famille et moi nous rendions par autobus chez des amis à Ottawa. Le soir du réveillon, soudainement envahi par une grande fatigue, je m'étendis sur un canapé, pendant que tout le monde prenait l'apéritif. Je m'endormis si profondément que personne ne parvint à me réveiller. Moi qui suis pourtant si chatouilleux d'habitude, je ne bronchai pas. On me mit de l'eau sur le visage et malgré quelques bougonnements, je restai assoupi. À 2 h du matin, je me réveillai en sursaut, couché dans le sous-sol près de ma sœur et de mon frère, complètement déboussolé. Déçu d'avoir manqué le réveillon, je ne me souvenais de rien et ne comprenais pas ce qui s'était passé. J'avais vécu un épisode de temps manquant.

Le surlendemain, de retour vers Québec, l'autobus fit un arrêt à Drummondville. Après une courte pause à la gare locale, je remontai dans l'autocar. À ma grande surprise, je ne reconnus personne. C'était d'autant plus étrange que je pus regagner le même siège qu'auparavant. Le chauffeur était sur le point de partir lorsque j'aperçus mon père, debout dans le véhicule voisin, en train de me faire de grands signes. L'autobus dans lequel j'étais monté par mégarde s'apprêtait à filer en direction de Montréal.

La tyrannie de l'école secondaire

L'année suivant le départ de mon grand frère, je fis mon entrée à l'école secondaire Anne-Hébert. L'établissement, qui comptait alors huit cents élèves, me terrifiait. Le lieu était froid et impersonnel, l'ambiance survoltée et les horaires très serrés. Ne côtoyant pas d'élèves issus de mon école primaire, la plupart ayant choisi des collèges privés ou ayant changé de quartier, je me sentais bien seul dans cet environnement hostile.

La chose la plus pénible était de capter une violence omni-présente. L'entrée dans l'adolescence est souvent l'occasion pour certains jeunes de se composer des personnages de durs qui font régner une tension constante. Ceux-là étaient nom-breux à Anne-Hébert. Leur façade m'impressionnait et je la prenais au premier degré. Blindés et surexcités, ils n'affichaient aucune empathie. Face à eux, je devenais invisible, longeant les corridors et cherchant à me faire le plus discret possible. Je ne parlais à personne et me réfugiais dans les études.

Pour survivre dans cette atmosphère stressante, je me mis à développer un TOC : je comptais les jours. « Il me reste cent jours avant la fin de la session, deux cents avant la fin de l'année scolaire, ou mille huit cents avant que se termine mon secondaire. » Je balisais ainsi les semaines, les mois et les années. Ce type de pensées compulsives m'aidait à passer à travers une journée d'école. Lorsqu'elle était terminée, je la rayais du calendrier, comme si je remportais une victoire. Jusqu'au lendemain, où je reprenais le même manège et mes comportements d'évitement.

La cafétéria était un lieu que je trouvais exécrable. D'en-tendre tant de jeunes crier, rire aux éclats, se tirailler ou menacer verbalement les plus faibles me levait le cœur. Les casiers étaient un autre endroit que je fuyais à cause de la violence gratuite qui y régnait. Je me souviens d'un jeune qui portait de grosses lunettes, d'allure chétive et issu d'une famille défavorisée. Il fut agressé des dizaines de fois par des imbéciles qui imposaient leur loi tyrannique. Trop lâche pour intervenir, je souhaitais ardemment qu'ils subissent le même sort.

Mes trois premières années à Anne-Hébert me don-nèrent l'impression que la plupart des jeunes tournaient le dos à l'enfance sans problème ni regrets. Ils fumaient, avaient des blondes ou des copains, sortaient tard et consommaient de la drogue. Coupé de leur monde, je me sentais incapable de les suivre. Mon cadre familial demeurait strict, et les comportements de ce genre n'étaient pas tolérés. Aussi n'avais-je ni le désir ni le courage de vivre des expériences nouvelles.

J'avais très peur de ces adolescents qui ne mettaient jamais de gants blancs pour imposer leurs idées. Jugeant sévèrement leur mode de vie, mon réflexe de défense était de travailler consciencieusement afin de réussir mes études et de quitter cet environnement au plus vite. Tout au long du secondaire, la bibliothèque fut pour moi un refuge. À défaut d'avoir des amis, les livres devinrent mes alliés. Je dévorais tout ce qui touchait la géographie, l'histoire, les sciences naturelles, l'art ou le paranormal. Des mondes nouveaux s'ouvraient à moi et me faisaient rêver. Seul dans l'univers feutré et silencieux de la bibliothèque, j'aspirais à les découvrir en toute quiétude tout en échappant au pouvoir nocif de mes bourreaux potentiels.

Les cours d'éducation physique me faisaient suer dans tous les sens du mot. Les sports d'équipe étaient trop violents pour moi et de toute façon, j'étais souvent choisi en dernier par le chef d'équipe. Durant la période de cours, je développai un autre TOC. Scrutant constamment l'horloge du gymnase, je découpais le temps en segments que je m'amusais à voir disparaître. Je tuais littéralement le temps. Au contraire des sports de groupe, le vélo et la natation me faisaient du bien. J'y allais à mon rythme.

Mes résultats scolaires au-dessus de la moyenne créèrent parfois des situations gênantes. Un jour, le prof de biologie de 1re secondaire nous donna à voix haute nos notes de fin d'année. En commençant par le plus faible, il énonça tous les pourcentages. L'élève au second rang avait obtenu 88 %, alors que j'avais eu 100 %. Un silence de mort régna dans la classe quand ma note fut annoncée. Les élèves se retournèrent lentement vers moi, avec dans le regard un mélange d'incrédulité et de mépris. Rouge et en sueur, je me sentais comme un extraterrestre. Au lieu d'éprouver de la joie, une grande tristesse m'envahit. Avoir tant travaillé pour récolter ça ? Vivement les vacances d'été pour quitter l'école.

Mes quatrième et cinquième années du secondaire se passèrent à Joseph-François Perreault, une autre école du quartier. Toujours autant passionné de géographie, d'histoire et de français, je vis cependant mes notes chuter en sciences. J'avais peu d'amis, sinon un petit groupe accro au disco. C'était l'époque de Travolta et d'Abba. À l'école, des groupes très distincts affichaient leurs couleurs selon leur allégeance musicale. Les fans du disco, du rock et les granolas se croisaient sans se mélanger. Le disco, issu du Motown, me faisait vibrer. C'était une musique pour danser, qui rassemblait les filles, les Noirs et les gais. Bref, les marginaux. La première fois que j'osai aller danser, je ressentis un mélange de gêne et de honte, mais également un grand désir de m'éclater. Me déhancher équivalait à envoyer promener la norme. Au fil des ans, la danse m'a permis de faire valser avec bonheur mes peurs et mes interdits.

L'INTIMIDATION

L'intimidation a toujours régné dans les écoles. Elle s'est développée de manière encore plus sournoise et impitoyable avec l'arrivée des réseaux sociaux. Ce comportement pervers procède toujours d'une même dynamique : la différence, quelle qu'elle soit, est pointée du doigt. Toute personne qui ne cadre pas avec la norme tyrannique est stigmatisée et rejetée. La victime devient systématiquement un bouc émissaire envers lequel toutes les actions et paroles les plus basses sont autorisées et encouragées.

De quel droit peut-on chercher à détruire la vie d'un être humain ? Comment en arrive-t-on à être aussi insensible et lâche devant la souffrance d'une personne ? Je condamne sans réserve toute forme d'intimidation et invite tout le monde à agir pour que cessent ces pratiques cruelles dont les conséquences sont souvent tragiques. Certains programmes ont commencé à voir le jour pour qu'une réelle prise de conscience émerge. Je souhaite de tout cœur que le gouvernement mène des actions non seulement préventives, mais aussi disciplinaires, de concert avec les institutions scolaires, afin de décourager une fois pour toutes l'intimidation sous l'ensemble de ses formes.

Face aux têtes dures qui cultivent la violence sans crainte de représailles, je suggère la manière forte. Qu'à ceux et celles qui commettent des gestes aussi nuisibles, on enseigne à consacrer leur énergie au service de la création et de la différence. Et qu'on leur dise en plein visage que la peur est un poison qu'il ne faut pas répandre.

La campagne : une réclusion

À l'été 1975, mes parents achetèrent une maison à Sainte-Croix de Lotbinière, à cinquante kilomètres de Québec. Je vécus mal ce déracinement de la ville. À l'adolescence, le silence et la nature n'étaient pas ce que je recherchais. J'étais tiraillé entre la quête de l'isolement et le désir de m'étourdir. Pendant ces trois années à la campagne, à l'image des vaches du fermier voisin, je ruminais intérieurement, ayant l'impression d'être dans un enclos à suivre à l'infini la même routine.

Durant l'été, je participais à différentes tâches reliées à l'entretien du terrain. J'exécutais à reculons ce que mes parents me demandaient de faire, entre autres bêcher, biner ou sarcler le jardin, ramasser les feuilles ou tondre la pelouse. J'y allais le plus minutieusement possible pour m'en débarrasser puis retourner dans ma chambre, lire et écouter de la musique. Sinon, j'enfourchais mon vélo et faisais de longues balades en solitaire en observant les gens et le paysage. Ces randonnées m'apaisaient.

Parfois, je traversais la route pour aller voir les vaches. Avec elles, je vécus un épisode surréaliste. Un jour de canicule, je décidai de ramasser des herbes grasses et fraîches pour aller les nourrir. Après avoir enjambé l'enclos, je me dirigeai vers le troupeau, qui m'entoura rapidement. Je tendis les fleurs et les feuilles aux bêtes, qui ouvrirent leur grande gueule pour mordre dans les végétaux. La puissance de leur mâchoire et leur corps massif me faisaient peur. Fait étonnant, je sentis dans leurs yeux et leur attitude une crainte naturelle. Comment des êtres aussi impressionnants pouvaient-ils s'avérer aussi impressionnables ?

Soudainement, je vis au loin une vache sursauter. Elle avait dû se faire piquer par une guêpe ou une mouche à chevreuil. Suivie par plusieurs autres dans un élan de folie collective, elle commença à foncer sur moi. Je pris mes jambes à mon cou, avec à mes trousses une vingtaine de vaches folles. Tout juste avant qu'elles me rattrapent, je parvins à passer de l'autre côté de la clôture électrique en me glissant par-dessous, me retrouvant les deux pieds dans un ruisseau boueux. Le troupeau fut stoppé par le barbelé, mais demeura à meugler près de moi un certain temps. Fou de terreur, ce n'est que quinze minutes plus tard que je pus rentrer à la maison. Me voyant arriver blanc comme un drap, ma mère me demanda ce qui m'était arrivé. Mon aventure la fit bien rire.

Mon attirance pour les hommes était pénible à vivre dans ce lieu désert et isolé. Tout ce que je pouvais faire, c'était prendre mon mal en patience, en rêvant du jour où je pourrais enfin laisser s'épanouir cet aspect fondamental de ma personnalité. L'attente me rendait extrêmement vulnérable et je ne voyais pas comment arriver à admettre une si grande marginalité. Par peur du jugement et du rejet, j'aurais préféré mourir plutôt que d'en parler.

Ces quelques années passées en campagne furent longues, surtout l'hiver, quand je devais me lever tôt à la noirceur et refaire le même trajet matin et soir pour me rendre à Québec, à l'école que je continuais de fréquenter. Je sortais très rarement en ville, la contrainte du transport et ma timidité y étant pour beaucoup. À l'âge de seize ans, j'obtins mon permis de conduire. L'envie de partir et de faire ma vie devint pressante. Le désir de jouer sur scène ou à la télé était plus que jamais présent, et cette aspiration allait m'aider à poursuivre mes études.

Les colonies de vacances

Au cours des étés 1974 et 1975, j'aurais voulu profiter des vacances pour sortir en ville. Mes parents décidèrent pourtant de m'inscrire à une colonie de vacances. J'en ressentis une grande frustration, mais je n'avais pas un mot à dire. Ce genre d'expérience pour « former le caractère » était à l'opposé de ce que je désirais vivre. Je passai donc deux étés à pratiquer des activités de plein air, dont l'équitation, le canot et l'hébertisme. Si l'expérience se déroula relativement bien du point de vue technique, étant donné mon côté appliqué et scolaire, l'aspect « initiation à la vie de groupe » m'insupporta carrément.

Évoluer dans un cadre didactique où l'on nous moule, nous forme et nous teste, sans partage de valeurs plus subtiles, n'était pas la voie que je voulais emprunter. Ce n'était pas tant le côté physique des activités qui me rebutait que l'esprit qui régnait dans ces colonies de vacances. À tour de rôle, chacun des jeunes pouvait devenir la tête de Turc. Tu as peur ? On va te faire peur ! Tu es paranoïaque ? On va se moquer de toi ! Tu es sensible ? On va te rentrer dedans ! On a des doutes sur ton orientation sexuelle ? On va te traiter de tapette ! Plus d'une fois, je sentis de la mauvaise foi et de l'abus de pouvoir.

Un soir, en arrivant dans la tente commune, j'entendis les autres jeunes ricaner. Ils m'avaient piqué ma lampe de poche, qu'ils s'amusaient à allumer et à éteindre. J'essayai en vain de la récupérer. Le moniteur du groupe finit par arriver et m'engueuler violemment, en me traitant de pauvre petit garçon fragile. Cette situation me révolta d'autant plus que ce moniteur éprouvait une attirance malsaine pour les jeunes. Il nous faisait faire des séances de « prise de la 10 », le numéro de notre tente. L'exercice consistait à terrasser l'autre par les parties intimes. Ou encore, pour nous réconcilier les uns les autres s'il y avait eu chicane, il nous demandait de marcher main dans la main, par groupe de deux, et le plus loin possible les uns des autres. Il en éprouvait une excitation que je percevais et qui me donnait la nausée.

La colère montait souvent, mais je la réprimais par peur de représailles. Un jour cependant, au cours de l'activité d'équitation, un jeune baveux, qui faisait constamment la pluie et le beau temps, me somma de nettoyer son cheval. À ma grande surprise, je dis non. Il se mit alors à me menacer, mais je tins bon. C'est alors qu'il me bouscula, ce qui me mit dans une telle colère qu'un immense flot d'énergie m'envahit. Je me mis à lui taper dessus et le terrassai rapidement. Surpris d'être habité par tant de force, je vis que les autres jeunes furent également saisis. Ils se moquèrent à l'unisson du petit baveux, qui me laissa définitivement tranquille.

Somme toute, je vécus relativement bien ces passages en colonie de vacances, surtout grâce à l'humour. Je découvris que je pouvais faire rire, ce qui m'attirait une certaine sympathie et désamorçait les tensions. Malgré tout, j'avais envie de partir. Ce n'était pas mon monde. L'échange plus subtil était inexistant et le rapport, unidirectionnel. On me demandait de porter attention à des activités extérieures, alors que mon monde intérieur ne trouvait pas l'espace pour se déployer.

La peur de la violence

La bataille que j'avais vécue en colonie de vacances me troubla. Sous la peur, j'étais habité par une colère contenue qui pouvait déraper. De devoir ainsi la laisser éclater pour me faire respecter me semblait aberrant. Pourquoi en arriver là? Le dialogue me semblait une avenue plus cohérente et intelligente. Encore fallait-il avoir la capacité de se faire entendre. Trop souvent en fusion avec les gens ou les situations, je manquais de recul. La plupart du temps, j'avais l'impression de subir et de ne disposer que de peu de marge de manœuvre. Alors je me taisais, à défaut de quoi il ne me restait que la fuite. La peur de la violence me faisait adopter un profil bas. Depuis l'enfance, mon moyen de défense en présence d'autres jeunes était la performance. Devant les adultes, c'était le silence, l'humour ou une extrême gentillesse.

J'ai toujours été extrêmement sensible aux voix des êtres humains, à la charge émotionnelle et aux intentions derrière les paroles. Rarement ai-je été surpris de ce qui sortait de la bouche des autres. Que ce soit dans des moments de tension entre mes parents, dans l'atmosphère surexcitée de l'école ou lors des jeux de pouvoir en colonie de vacances, j'absorbais certains mots comme autant de flèches empoisonnées. Même de petits commentaires anodins pouvaient m'apparaître très toxiques.

Pour éviter d'être affecté par ces situations, je développais des stratégies d'évitement. Néanmoins, si je devais y faire face, je me sentais le plus souvent comme un paratonnerre dont la seule fonction était de soulager la tension environnante en prenant tout le malaise sur mes épaules. À force de syntoniser les atmosphères, les personnes et les pensées, j'en vins à affiner mes perceptions au point où je pouvais deviner le moment où une situation allait déraper ou un conflit éclater. Peu importe le contexte dans lequel je me trouvais, inévitablement, je captais la dynamique entre deux personnes. Tout le non-dit ou ce que quelqu'un faisait sentir retenait mon attention. Ce décalage fréquent entre la vérité ambiante et l'image projetée me faisait percevoir les communications et échanges entre individus comme dissonants.

Communication, observation, humour

Étant donné que je m'intéressais passionnément à la nature, je ne pouvais m'empêcher d'établir des comparaisons entre les animaux et les humains. Les humains seraient donc des animaux intelligents et les animaux, des bêtes ? La qualité de présence du règne animal m'apparaissait évidente en regard du mode de communication grossier de mes semblables. La culture du double message, de l'agitation mentale et du chaos émotionnel ne ressemblait en rien aux lois de l'instinct, de l'équilibre et de l'harmonie qu'on retrouve dans la nature. Que ce soit dans la rue ou au centre commercial, j'observais beaucoup les gens. Leur comportement grégaire me semblait prévisible et peu subtil, comme s'ils étaient conditionnés. Peu à peu, observer et capter les autres devinrent une véritable passion. C'étaient une nourriture et un exutoire extraordinaires qui compensaient ma grande timidité.

L'imagination fut aussi un outil précieux pour composer avec la vie et l'inconnu. Impressionnable de nature, donc sensible à l'image, je me servis souvent de ma capacité d'invention. Dans mon esprit, les mots « image » et « magie » étant composés des mêmes lettres devaient forcément cacher des propriétés semblables. Les êtres humains étaient de drôles de bêtes que je pouvais m'amuser à apprivoiser d'une manière singulière. En plus de m'alléger, l'imagination avait la formidable capacité de déclencher en moi des fous rires mémorables.

En 1976, le mariage de ma sœur à Toronto en fut pour moi l'éclatante démonstration. La cérémonie toute simple eut lieu dans un bungalow austère de la Ville reine. Quand ma famille et moi arrivâmes, on nous accueillit à voix basse et avec retenue. Tout était froid, feutré, éteint. La dame qui nous recevait, et chez qui avait lieu la célébration, chuchotait en nous parlant. À la tombée du jour, elle alluma une à une de petites lampes éclairant des tableaux évoquant *Anne... La maison aux pignons verts*, et d'autres toiles relevant davantage de la peinture à numéros. L'atmosphère était si soporifique que la noce avait l'air de se dérouler dans un salon mortuaire.

Ce que l'on nous servit à manger était à l'image du reste : terne et sans goût. Je cherchais intérieurement quelque chose pour pimenter cet événement dénué de magie. Assis au salon avec les autres invités, je me mis à observer les gens et à transformer leur apparence. En imaginant chacune des personnes présentes avec des oreilles de lapin, tout s'illumina. L'effet était puissant et instantané. Peu importe où je posais le regard, les individus se prêtaient malgré eux à un jeu qui me réjouissait à un point tel que je fus secoué rapidement par un fou rire.

D'abord silencieux, les soubresauts devinrent des convulsions énormes. Je me mis à rire aux larmes. Personne ne comprit pourquoi. Me sauvant brusquement aux toilettes pour tenter de reprendre mes esprits, je revins m'asseoir quelques minutes plus tard. Le manège reprit de plus belle.

Entre deux fous rires, je finis par expliquer en sourdine à mon frère Jean-Louis ce qui m'arrivait, puis à Lucie, l'amie d'enfance de ma sœur, et finalement au reste de ma famille. La folie devint contagieuse parmi mes proches, tandis que nos hôtes anglophones parurent un peu décontenancés. Cet épisode de délire s'avéra concluant, me confirmant le grand pouvoir que pouvait exercer l'imagination. L'effet domino était possible, et permettait de dynamiser les rapports humains conventionnels.

L'humour et l'imagination étaient donc des outils formidables pour transgresser la norme. Attiré par tout ce qui était surréaliste et magique, je pouvais donc espérer grandir dans la vie en modelant certaines limites au gré de ma fantaisie, en exprimant mes émotions et en lâchant mon fou. Fort de cette nouvelle certitude, le désir de devenir acteur faisait son chemin. L'envie de jouer grandissait, d'autant plus que cela constituait une merveilleuse façon de prendre la parole. N'était-ce pas la voie royale pour guérir de ma timidité ? Quand j'étais enfant et que je voulais manifester un désaccord, ma mère m'avait déjà dit : « Ne réplique pas ! » Plus tard, je fis le lien. Le métier d'acteur m'attirait entre autres en raison du fabuleux outil de communication qu'il donne : la réplique.

Mes premiers pas artistiques

Au milieu des années 1970, ma sœur quitta le nid familial et devint hôtesse de l'air. Mon autre frère, qui s'intéressait à l'archéologie, partit poursuivre ses études à Mexico. C'était là une caractéristique fondamentale de ma famille : l'appel du voyage, du lointain, et jusqu'à un certain point, de la fuite. L'envie de partir, de découvrir autre chose, de me sauver de ce que je connaissais pour tenter de me réaliser devenait de plus en plus présente. Traverser l'Atlantique, rejoindre mes cousins et retrouver mes racines était tentant, mais je n'en avais ni les moyens ni la possibilité. À défaut de voir se concrétiser le retour au bercail de mon grand frère, maintenant devenu papa, je rêvais par moments d'aller le rejoindre pour faire du théâtre avec lui à Winnipeg.

La fratrie étant absente, je ne savais vers où me tourner afin de combler ce vide. N'ayant aucun intérêt pour les loisirs des jeunes de mon entourage, je voulus tenter, non sans crainte, l'expérience de la scène. En 4e secondaire, je m'inscrivis à des cours de danse folklorique. Au bout d'un an, je fis partie d'une troupe qui présentait des spectacles dans la région de Québec. Portant une chemise rouge à carreaux qui avait l'air d'une nappe, ainsi que des pantalons et des souliers blancs, je m'engageai dans une aventure artistique dont la motivation m'échappe encore.

Ce fut l'année suivante que je foulai officiellement les planches pour la première fois. Inscrit à un cours de théâtre à l'école, je décrochai le premier rôle dans un boulevard français intitulé *Les héritiers Bouchard*, une histoire de mari trompé et de portes qui claquent. Ce fut agréable, mais j'éprouvais une timidité extrême, surtout lorsque je devais embrasser ma partenaire sur la bouche. Je riais à gorge déployée, essentiellement à cause de mon malaise. La pièce fut appréciée, mais je fis un difficile constat à l'issue des représentations. Comment pouvais-je espérer devenir acteur en étant si coincé ?

Je doutais non pas de mon talent potentiel, mais bien de ma capacité à surmonter mes blocages. Arriver à m'abandonner, à être présent et à exprimer une large palette d'émotions alors que j'étais un bunker impénétrable s'avérait une entreprise de haute voltige. Par dépit, je jonglais avec d'autres options, dont celles de devenir géographe, historien ou professeur de français. L'éventualité d'une telle orientation professionnelle avait beau paraître plus sécurisante et facile, ce n'était pas ce qui m'appelait. L'idée de faire du 9 à 5 me rebutait. Aussi bien signer mon arrêt de mort.

La télévision exerçait plus que jamais une fascination sur moi. En assistant parfois à des pièces de théâtre, j'espérais qu'un déclic se produise, et que je ne doute plus de la vocation qui m'animait. En 5e secondaire, je fis une rencontre déterminante. C'est dans un cours d'histoire que je fis la connaissance de Geneviève Robitaille, qui allait devenir mon amie. Nous nous découvrîmes des atomes crochus et avec mon ami d'enfance André Tardif, nous allions bientôt fonder une petite troupe, La Compagnie des trois. Cette cellule de création me donna des ailes. Je pouvais dire adieu avec soulagement à l'école secondaire, aux cours de sciences, aux colonies de vacances et à l'isolement. J'étais très vulnérable émotionnellement, mais au moins, j'allais pouvoir lâcher mon fou et me consacrer à ce qui me faisait vibrer.

Ma mère ayant commencé à travailler au service de paie dans un hôpital, mes parents louaient un petit pied-à-terre à Québec. Il m'arrivait donc plus souvent de passer du temps en ville. Le secondaire étant derrière moi, j'entrai au cégep Garneau en arts et lettres. Un cours de théâtre théorique et pratique s'y donnait. Je fis donc part à mes parents de mon désir de tenter ma chance comme acteur.

Ils respectèrent mon choix et m'encouragèrent, me rappelant au passage que peu importe ce qui m'animait, l'important était de le faire du mieux que je le pouvais. Ravi de leur réponse, je me sentis appuyé. Nos rapports ne furent pas toujours simples, mais je savais que mes parents souhaitaient que je sois heureux et que je me réalise.

Il n'était cependant pas question que je leur glisse le moindre mot sur l'attirance que j'éprouvais pour les hommes. La crainte d'une réaction négative était trop forte. Par contre, je fus apaisé par leur ouverture à mes aspirations. L'instabilité du monde artistique, peuplé d'une faune exaltée et d'ego parfois démesurés, pouvait légitimement inquiéter certains parents. Il existe de réelles histoires de vocations entravées par des attitudes parentales conservatrices. Les arts étaient alors mal perçus. Seules les professions libérales avaient de la valeur. Dans mon cas, le feu vert de mes parents fut une bénédiction. J'allais devenir acteur.

CHAPITRE 3
Les grandes premières

De 1978 à 1980, j'étudiai en arts et lettres au cégep, où je pus m'initier au monde du théâtre. La voie du jeu me semblait porteuse et salutaire. Doté de la faculté de faire rire et de me transformer, je serais dans mon élément. Néanmoins, je me sentais handicapé par tout ce qui concernait les relations humaines. Les jeunes de mon âge me donnaient l'impression d'avoir déjà un bagage d'expériences plutôt consistant. De mon côté, ma timidité et mes blocages émotionnels me paraissaient insurmontables. J'étais oppressé par la peur de devoir affronter rapidement mes limites pour embrasser le métier d'acteur que j'idéalisais. Tout de même déterminé, je voulais coûte que coûte me lancer dans l'aventure.

Tandis que je me familiarisais tant bien que mal aux textes classiques et aux exercices d'improvisation, je touchais à la création théâtrale avec mes amis Geneviève et André. L'idée nous vint d'écrire une pièce de théâtre absurde qui fut présentée quelques fois à Québec et dans les environs. Notre production reçut un bon accueil. En parallèle, nous passions des soirées à enregistrer entre nous des émissions radio fictives, truffées de publicités, programmes et quiz délirants. C'était extrêmement réjouissant de rire et de faire des sessions de brainstorming qui avaient tout l'air de trips d'acide. Travaillant tous les trois à temps partiel dans une même station d'essence, nous prîmes notre patron comme mascotte. Moumoute sur la tête et coureur de jupons, il nous demandait de couvrir ses mensonges en transmettant des messages contradictoires à ses différentes maîtresses. Nous l'imitions sans cesse, tant il était caricatural.

Je vivais toujours à la campagne, mais passais plus de temps en ville à créer et à répéter. Durant ces années de collège, j'arrivais à m'amuser même en dépit de mes blocages. Mon personnage de boute-en-train et d'imitateur m'attirait la sympathie, mais dès que je manifestais ma vulnérabilité, ça ne passait pas. Je rencontrais couramment de la résistance lorsque je cherchais à exprimer des idées qui sortaient de la norme. La déception et la frustration étaient grandes de devoir ainsi taire une dimension aussi importante de ma vie. Je trouvais plutôt conservateurs certains élèves soi-disant anticonformistes et avant-gardistes.

Si le cégep se voulait en principe un espace d'ouverture sur le monde, j'étais souvent étonné du peu de connaissances de plusieurs élèves en histoire, en géographie ou en architecture. Les idées préconçues sur le reste de la planète étaient fréquentes. Il faut dire qu'à l'époque, Québec était peu exposée à la différence et ne se montrait pas particulièrement ouverte au reste du monde. Quand il était question d'autres pays ou cultures, j'entendais régulièrement des phrases du genre «Il paraît que…» ou «Ça a l'air que…». Le manque de curiosité était évident, sans compter l'absence de recherches pour vérifier les sources d'information. Le désir d'aller voir ailleurs devint pressant chez moi. J'avais besoin d'air, d'espace et de connaître autre chose.

Dans ce contexte démotivant par moments, Solange Hubert, ma prof d'art dramatique, était un phare. Elle avait le don de transmettre sa passion et de susciter l'enthousiasme. Avec une trentaine de jeunes, elle monta *Auditions*, un très gros spectacle de fin d'année qui durait près de trois heures. C'était un collage de théâtre de répertoire, de comédies musicales, de chansons, de pièces québécoises et d'humour. La production connut un énorme succès. Cela eut pour effet de donner l'élan à plusieurs élèves qui allaient plus tard poursuivre leur formation d'acteurs.

Un goût d'ailleurs

Sans expérience de la vie, je souhaitais entrer dans une école de théâtre, bien que la crainte d'être refusé fût très forte. Il était hors de question que j'aille au Conservatoire de Québec. Je souhaitais quitter ma ville natale et découvrir autre chose, mais Montréal me faisait très peur. À dix-neuf ans, je n'avais jamais fait l'amour, consommé de drogue ou vécu seul en appartement. Je me sentais davantage comme un enfant qu'un jeune adulte. C'est par l'entremise d'une connaissance de mon frère que j'entendis parler de l'Université d'Ottawa, où se donnait une formation théâtrale. Aller chercher une expérience de vie et un cours de base, c'est ce qu'il me fallait. De plus, je voulais explorer la dimension homosexuelle de ma personnalité, mais je n'étais pas prêt à sortir du placard. Je préférais me cacher et vivre le tout à distance plutôt que d'en parler à ma famille.

Deux mois après avoir fait une demande d'admission à l'université, je reçus une lettre me confirmant que j'étais accepté. Enthousiaste et enchanté de pouvoir réaliser mon rêve, j'annonçai fièrement l'heureuse nouvelle à ma prof de cégep Solange Hubert. Elle m'avait toujours fait sentir que j'avais la vocation d'acteur. À la dernière d'*Auditions*, alors que nous nous écrivions les uns les autres des mots d'adieu sur le programme de la pièce, Solange m'écrivit un petit message qui me fit l'effet d'un velours : « Ne reste pas trop longtemps à Ottawa, tu mérites mieux. »

Je vécus encore quelques mois chez mes parents, qui venaient de s'acheter une magnifique demeure ancestrale à Saint-Antoine-de-Tilly. Cet été-là, il y eut beaucoup de visiteurs à la maison. Mes grands-parents maternels vinrent de France célébrer leurs noces d'or et, pour l'occasion, je revis ma sœur, mes frères, des amis et des connaissances. La hâte de faire le grand saut se mêlait chez moi à la peur de couper le cordon familial.

Le mois d'août arriva et je m'apprêtai à partir. Mon père connaissait un architecte qui possédait un petit avion. Devant se rendre à Ottawa, celui-ci m'offrit de l'accompagner, ce que j'acceptai avec joie. Le jour du départ, le ciel était gris et incertain. Fébrile et le cœur gros, je quittai mes parents pour ce voyage qui dura deux heures. D'épais nuages nous entouraient, entre lesquels nous volions. Un cocktail de pluie, de soleil et de vent nous accompagnait. Le corridor du trajet me semblait étroit. Il y eut beaucoup de turbulences. Secoué à l'extérieur et remué intérieurement, j'avais l'impression que la nature se moquait de ma fragilité. En regardant par les hublots, un doute m'envahit. Est-ce que j'avais la capacité de grandir et de faire face à la vie d'adulte ?

Première expérience, premier chagrin

Les deux années que je passai à Ottawa furent très éprouvantes. Les débuts me semblèrent particulièrement difficiles, car les coups durs se succédèrent. Les professeurs du département de théâtre étaient pour la plupart des théoriciens originaires d'Europe, et même si certains d'entre eux avaient déjà pratiqué le métier d'acteur ou de metteur en scène, je sentais chez la plupart une frustration chronique. Le ton pédagogique était empreint de prétention et dénué d'empathie. Tout de même, le brin d'humour qu'ils avaient allégeait l'atmosphère et nous permettait de respirer.

Si je disposais d'atouts indéniables, je fus par contre rapidement confronté à mes limites. Le sujet de la première pièce dans laquelle j'eus à jouer était l'homosexualité masculine. *La contre-nature de Chrysippe Tanguay, écologiste*, de Michel Marc Bouchard, mettait en scène un couple d'hommes souhaitant adopter un enfant et qui se heurtait aux fantasmes d'une travailleuse sociale, le tout enrobé de métaphores et d'allusions à la mythologie grecque. On me confia l'un des deux rôles principaux, alors que je n'avais jamais touché ou embrassé un homme de ma vie. Comme manière directe et impitoyable de faire face à mes peurs et à mes démons, je ne pouvais tomber mieux. Désemparé et extrêmement vulnérable en répétition, ma seule défense était un fou rire pathologique.

Je tentai sans succès de composer un personnage, de trouver une parade, de fuir le monstre. Mon partenaire de jeu était hétérosexuel et éprouvait lui aussi un malaise, d'autant plus que dans certaines scènes, j'étais à moitié nu au lit avec lui. Cette situation fut terrible à vivre au moment même où je commençais tout juste ma vie d'adulte et d'acteur.

L'auteur attribuait ma résistance au fait que j'étais attiré par les femmes. La metteure en scène lui confia qu'au contraire, c'était probablement parce que j'étais enfermé à triple tour dans un placard. Elle ne fut pas tendre à mon égard.

La barre me semblait si haute que je me demandais sérieusement ce que je faisais là. C'était donc ça, le monde du théâtre? Dans mon idéalisme juvénile, je croyais que la grande famille des artistes était composée d'individus au cœur tendre et aux préoccupations existentielles de partage, d'écoute et d'entraide. Cette expérience me désillusionna. Dans ce métier comme ailleurs, on pouvait donc être éprouvé et se sentir seul au monde. Ce fut un véritable cours en accéléré sur les relations humaines. J'avais beau être à l'université, je ne voyais pas comment intégrer le monde des adultes alors que je n'avais jamais connu l'intimité d'une relation sexuelle. Comment faire pour afficher mes couleurs et sauter la clôture?

Rien n'était simple et je me sentais piégé. Que je réussisse ou non à coucher avec un homme ne changeait rien au fait que j'étais en conflit avec mon orientation sexuelle. Celle-ci ne pouvait être que condamnable, puisqu'elle s'écartait de la norme. Ma différence me paraissait non seulement difficile à accepter, mais comme un poids. Je me sentais si coincé que j'avais la tragique impression que je n'arriverais jamais à transgresser l'interdit qui m'habitait. L'éventualité d'un échec était réelle et les conséquences, épouvantables. Être confronté à un sentiment de honte profonde me semblait insupportable. La seule issue possible serait alors la fuite ultime, le suicide.

Je choisis de prendre le taureau par les cornes. Un soir, après une journée de répétition, toute l'équipe de la production se trouva réunie dans un bar situé près du département de théâtre. Michel Marc Bouchard, l'auteur de la pièce, était présent. Me doutant qu'il était gai, je décidai de lui faire des avances. Coûte que coûte, je voulais vivre une première aventure avec un homme. Pour arriver à mes fins, j'adoptai une stratégie simpliste. Alors que nous étions tous autour d'une table à boire et à fumer, je proposai un jeu où chacun et chacune devait dire avec qui il ou elle passerait la nuit. La ronde terminée, j'eus la réponse que je cherchais. Michel Marc était gai. Soit, mais comment faire pour qu'il manifeste un intérêt à mon égard ?

Je cogitai fébrilement pour trouver un plan B. Ayant une petite chambre d'étudiant à plusieurs kilomètres de l'université, je ne pourrais y retourner si notre soirée se terminait une fois le service des transports en commun interrompu pour la nuit. La meilleure façon de m'inviter à dormir chez l'homme que j'avais ciblé était de prolonger la soirée. Mon plan fonctionna et Michel Marc me proposa de passer la nuit chez lui. Les choses allaient cependant se révéler plus compliquées que prévu. Quand nous fûmes arrivés à son appartement, il me parla théâtre alors que je m'en foutais complètement. Le cœur battant et stressé par la suite des choses, j'espérais qu'il m'invite le plus naturellement du monde dans sa chambre. Il m'offrit plutôt de dormir sur le divan du salon.

Confus et découragé, je ne savais que faire. Après avoir jonglé pendant une heure avec tous les scénarios possibles, je finis par me lever et tentai le tout pour le tout, lourd et terrifié comme si j'allais à l'échafaud. Sur le pas de la porte de sa chambre demeurée ouverte, les mots finirent par sortir de ma bouche comme les pierres que je crachais enfant : « Je peux… coucher… avec toi ? »

Cette première expérience fut une catastrophe. Michel Marc n'en était pas la cause, qu'il faut plutôt attribuer à mon incapacité à m'abandonner. À l'aube, perdu et désorienté, je marchai comme un zombie jusqu'à mon petit appartement avec l'impression d'être souillé et d'avoir non seulement vécu un échec, mais aussi une régression. La peur que cette aventure ne soit connue me hanta aussitôt, le potinage étant un fait bien réel dans le milieu artistique. Mon appréhension se révéla juste, puisque la journée même, tout le département de théâtre était au fait de mon aventure avec Michel Marc.

Je fus assailli par des pensées obsessionnelles. Geneviève, mon amie de Québec avec qui j'avais fondé La Compagnie des trois, étudiait aussi à Ottawa. Redoutant qu'elle soit mise au courant de cette histoire et que, par effet domino, mes parents finissent par l'apprendre, je me mis à l'éviter. Elle s'en rendit bien vite compte et me demanda pourquoi je la tenais à distance. Après maints détours, je lui avouai mon attirance pour les hommes. Sa réaction me désarçonna : « C'est tout ? Seigneur, inquiète-toi pas avec ça… Je ne comprenais pas pourquoi tu ne voulais plus me voir. »

Perdre une bataille, ce n'est pas perdre la guerre

Un mois plus tard, la pièce était présentée et, à mon grand étonnement, je reçus de bonnes critiques. Une relation éphémère débuta avec Michel Marc, qui choisit quelques mois après de se tourner vers quelqu'un d'autre. Incapable de composer avec ce que je vivais comme un terrible rejet, je sentis le désespoir m'envahir. L'envie me gagna de tout laisser tomber et de retourner vivre à Québec. Mes rêves n'étaient que des chimères. Je n'étais fait ni pour le théâtre ni pour l'amour.

L'éventualité que j'arrête mes études mit mon père en colère. Mes parents me soutenaient financièrement et ne pouvaient se résoudre à me voir abandonner, alors que je voulais tant devenir acteur. Pour me changer les idées, ma mère me proposa de l'accompagner en France durant le temps des Fêtes. Celui que j'aimais était dans les bras d'un autre, j'avais une peine d'amour et ne me sentais ni la force ni le courage de faire part de ma tristesse à mes proches. La mort dans l'âme, je partis pour la France.

Ce fut un voyage où tout me pesait. Je n'avais pas le cœur à rire. En visite dans la famille, ma mère montra fièrement les coupures de journaux où j'avais reçu de bons commentaires. Les réactions à la lecture de ces critiques furent polies, mais étonnées. Une de mes tantes me lança : « Ça doit être difficile de jouer ça quand on n'est pas homosexuel. »

Le voyage se termina sous la grisaille. J'étais pressé de rentrer à Ottawa pour tenter de reconquérir le cœur de mon premier amour. De retour au pays, j'étais si démoralisé que je me tapai une otite sévère. La douleur était atroce, comme si des lames de rasoir me taillaient les oreilles. Debout à longer les murs et à me tenir la tête, je ne savais plus quoi faire ou prendre pour que cesse la souffrance. Dans tout mon être, il faisait noir. Pourquoi tant d'entraves et de difficultés ? C'était du courage et de l'enthousiasme qu'il me fallait, et j'en manquais cruellement. Comment faire pour continuer ? Où trouver la motivation nécessaire alors que les vents contraires soufflaient autant ?

De la rage monta en moi. Même si la tentation était forte, je ne pouvais me résoudre à baisser les bras. Je décidai de me battre pour regagner les faveurs de celui qui m'avait quitté. De retour à Ottawa, je l'attendis un soir longtemps devant sa porte. Lorsqu'il finit par arriver, il fut surpris de me trouver là. Avant de rentrer chez lui et de me laisser sur le seuil, il me lança cette phrase qui allait m'aider à relever la tête. « Tu sais, perdre une bataille, ce n'est pas perdre la guerre. »

Les paroles de Michel Marc me persuadèrent que tous les moyens seraient bons pour parvenir à mes fins. C'est donc sans scrupules que… je sortis avec son colocataire ! Je pus ainsi surveiller les allées et venues de celui que je voulais reconquérir. Peu de temps après, j'allais poser un geste épouvantable. Un soir que je me trouvais dans un bar avec Michel Marc, il me signifia clairement que notre relation était terminée. Son nouvel amoureux se joignit à nous. La discussion s'envenima et Michel Marc nous quitta. Enragé, je draguai effrontément son copain, avec qui je finis par passer la nuit. Ce geste odieux de ma part eut néanmoins un impact : Michel Marc mit fin à sa relation avec cet homme. D'un autre côté, il me reprochait fréquemment, et avec raison, mon comportement. Je lui demandai en quoi cela avait désormais de l'importance puisque nous n'étions plus ensemble. Ce à quoi il me répondit : « Qu'est-ce qui te dit que je ne t'aime pas encore ? »

Sortir ou non du placard

À nouveau en couple, nous commençâmes à vivre sous le même toit. Très heureux, je cachai cependant cette réalité à ma famille, par peur d'une réaction négative de sa part. Toujours très vague au sujet de ma vie personnelle, je fus confronté à la vérité un soir d'automne, alors que je me trouvais chez mes parents à Saint-Antoine. Leur annonçant que je partageais un appartement avec un homme, ma mère demanda s'il était homosexuel. Je répondis oui, ce qui généra un réel malaise. Ni mes parents ni moi n'étions prêts à tout mettre sur la table. Je sentis qu'il était trop tôt et préférai reporter à plus tard les véritables aveux.

J'avais également un comportement fuyant avec ma sœur, à l'époque. À plusieurs reprises, je cherchai à éviter sa présence. Une journée où j'étais à Ottawa, elle me téléphona de Québec, réclamant des explications sur mon comportement distant. C'est avec d'énormes sanglots que je lui avouai mon homosexualité. J'entends encore sa réaction calme au bout du fil. «Ah ? C'est à cause de ça ? Voyons, je t'aime comme tu es, mon petit frère.» Mes deux frères furent également mis au courant. Là encore, mon orientation sexuelle ne posa pas de problème, bien qu'il leur fallût un moment pour intégrer l'information. Par rapport à mes parents, je décidai de vivre discrètement mon homosexualité. J'eus même quelques relations avec des femmes, une part de moi ayant toujours été attirée par elles. Celles que j'ai connues étaient pourtant au fait de mon homosexualité, mais prêtes à vivre l'aventure malgré tout.

Il m'a fallu vingt ans pour être finalement capable de trouver le courage de me présenter à mes parents tel que j'étais vraiment. À l'été 2000, alors que je jouais au théâtre d'été, j'annonçai un samedi soir à la troupe que je partais le lendemain pour dire clairement la vérité à mes parents. Arrivé chez eux à midi, j'avais lâché le morceau à 12 h 30. Ma mère me prit dans ses bras et mon père leva son verre à l'événement. De retour au théâtre le mardi suivant, un collègue m'affirma que j'étais subitement devenu une autre personne.

Un énorme poids était tombé de mes épaules. Je suis reconnaissant à mes parents de m'avoir ouvert les bras. C'est précieux, car je sais que l'homosexualité peut être extrêmement difficile, voire impossible à accepter. En ce sens, ils ont fait preuve d'une grande ouverture de cœur et d'esprit.

Les débuts professionnels

Après une année complète à l'université, je développai des contacts professionnels dans le petit mais très actif milieu artistique d'Ottawa-Hull. Cette communauté dynamique comptait des acteurs, auteurs et metteurs en scène d'expérience qui allaient s'illustrer plus tard à Montréal. Anne-Marie Cadieux, André Brassard et Brigitte Haentjens étaient du nombre. Avant d'être invité à jouer au Centre national des Arts et dans des productions théâtrales franco-ontariennes, c'est au Théâtre de l'Île à Hull que je fis mes débuts professionnels. À l'été 1981, je jouai dans *Piège à rebours*, traduction de *Deathtrap*, avec des acteurs professionnels dont la carrière s'étiolait. Ce fut une expérience riche mais difficile. J'allais être confronté à du chantage affectif et à des jeux de pouvoir. Un des comédiens tomba amoureux de moi. Ce n'était pas réciproque. Il me le fit payer en resserrant plus d'une fois les menottes que portait mon personnage dans ce thriller psychologique. Une actrice éprouva également une attirance pour moi. J'eus une aventure sans lendemain avec elle. Rapidement, l'atmosphère devint toxique.

Un jour, j'eus le malheur de fumer un joint vers midi, quelques heures avant une représentation. Convaincu que l'effet allait s'estomper, je fis une sieste dans l'après-midi.

Ayant retrouvé mes esprits, je vécus par contre un véritable cauchemar en soirée. Le trac eut pour effet de me geler à nouveau. Le sens des mots et de la pièce devint fragmenté et j'avais extrêmement peur de perdre le fil. Cet épisode fut un signal avant-coureur de mon rapport impossible avec la drogue. Pot ou haschich ne faisaient pas bon ménage avec mon esprit. Ce mélange fut si néfaste que j'eus ma leçon. Plus jamais je n'allais jouer sous l'effet de la drogue.

La pièce connut du succès et m'ouvrit des portes. Le fait de jouer intensivement tout un été me permit de faire mes classes. Mon nom circulait comme futur comédien prometteur, et même si, dans les faits, j'étais néophyte, je me gargarisais à l'idée que le futur s'annonçait doré et qu'une grande carrière m'attendait. Quelques professionnels du milieu artistique montréalais vinrent enseigner et nous diriger au département de théâtre. Le rêve de me tailler une place dans la grande ville faisait son chemin.

Je participai à une tournée ainsi qu'à des événements artistiques exploratoires, et pouvais donc espérer être engagé un jour dans la prestigieuse troupe permanente du théâtre français du Centre national des Arts.

Ma relation avec Michel Marc commença à être tumultueuse. Alors que je jouais parfois dans ses pièces ou même à ses côtés, il devint jaloux. C'était compréhensible puisque je découvrais ma capacité à séduire et la mettais allègrement en pratique, inconscient du tort et de la peine que je pouvais causer. Nous vivions des périodes de pause et de séparation suivies de retours en couple. Ces arrêts ponctuels étaient jalonnés d'aventures et de partys. Certains lendemains de veille, je ne me souvenais de rien.

Sexe, drogue et rock and roll

Il m'arrivait de fumer un joint de temps à autre. Mon esprit se mettait alors à s'agiter ; je percevais différemment les choses et tout se mélangeait. Je devenais survolté, ce qui amplifiait l'état d'euphorie. Passé ce stade, la paranoïa s'installait. Ce cocktail explosif ne me réussissait pas. J'avais tendance à écouter de la musique à répétition et à poser inlassablement les mêmes gestes, dans une série de séquences chorégraphiées. Des picotements se faisaient sentir sur ma nuque, mes pieds ou mes mains. Tout ce que je touchais me donnait une impression d'étrangeté, la texture des objets se révélant différente de ce que je percevais habituellement. Des souvenirs épars et en cascade me revenaient en mémoire et se bousculaient.

Des fous rires interminables pouvaient jaillir. Je me rappelle ce moment où j'avais regardé la pièce *Appelez-moi Stéphane* à la télévision, alors que j'étais sous l'effet de la drogue. La scène du désir amoureux maladroit entre les personnages de Monique Miller et de Gilles Renaud me fit rire sans arrêt pendant une heure. Il y eut cet autre événement marquant où Michel Marc et moi étions pris d'un fou rire monumental chaque fois qu'une collègue un peu coincée prenait la parole durant un souper. Sa vulnérabilité était pourtant évidente, mais nous ne pouvions nous empêcher de nous moquer d'elle. Notre comportement était totalement déplorable.

Si j'aimais fumer, c'est parce que je planais et que j'accédais à de nouvelles perceptions de la réalité. Le monde prenait d'autres couleurs. Porté par mon imagination, je décollais au quart de tour. Fort heureusement, je sus intuitivement que je ne devais pas toucher à l'acide ou à la mescaline. Si j'en avais pris, j'aurais basculé dans de dangereuses psychoses. Mon hypersensibilité et les effets suffisamment forts du pot et du haschich me protégèrent d'une certaine façon d'expériences toxiques plus dommageables.

Occasionnellement, de 1983 à 1985, je pris de la cocaïne. Je ne sais par quel miracle je ne suis resté plus longtemps sous l'emprise de la poudre. Ses effets euphorisants immédiats me transportaient. J'avais le sentiment absolu de pouvoir refaire le monde, tant les états d'exaltation et d'invincibilité étaient puissants. Cette drogue me donnait également l'illusion de garder toute ma tête ainsi que le contrôle de la situation. Moi qui suis verbomoteur de nature, je devenais intarissable sous l'effet de la cocaïne. Fort heureusement, le coût élevé de cette substance freina ma dépendance.

Un événement contribua grandement à ce que j'en arrête la consommation. Lors de ma première année à l'École nationale de théâtre, j'assistai à la déchéance d'une élève de ma classe très fortement dépendante à la cocaïne. D'un talent phénoménal, elle en vint à se saboter tragiquement un jour d'examen public, devant la direction et les professeurs. Peu de temps après, elle était mise à la porte. La crainte de vivre un échec similaire eut raison de mon attirance pour cette drogue.

L'alcool devint par contre une béquille sur laquelle j'allais m'appuyer pendant de nombreuses années. Les étapes pour me sevrer de cette dépendance ont été longues et en dents de scie. Durant la période où je vécus à Ottawa, je pouvais cependant encaisser les abus. Ma grande forme physique et mon désir de faire la fête me permirent de mener une vie étudiante, sociale et professionnelle hyperactive.

Jusqu'au printemps 1983, je vécus des excès sans en être trop affecté. Les illusions, les plaisirs et les mondanités me comblaient. Il fallait à tout prix qu'il se passe constamment quelque chose, que je me sente entouré et que je surfe le plus possible sur la vague de l'excitation et de l'intensité.

Les saunas pour hommes furent également des endroits que je fréquentai. Je vécus là ma part d'ombre tout en explorant métaphoriquement et physiquement des labyrinthes et des corridors. Porté par le désir inconscient de trouver une sortie vers la lumière, je tournais inlassablement en rond. Un peu comme un rat ou une souris de laboratoire, je refaisais les mêmes parcours en cherchant une issue et des réponses à ma quête existentielle. Je voulais guérir un mal de vivre, même si le contexte pouvait sembler paradoxal.

Albert Einstein a formulé une brillante définition de la folie qui peut expliquer ce que je cherchais à découvrir à travers ces expériences : « La folie est de toujours se comporter de la même manière en espérant un résultat différent. » C'est de cette spirale sans fin dont je me suis finalement sorti, sachant intuitivement qu'il y avait sûrement une solution pour mettre fin à mes dépendances. La permission que je me suis donnée de vivre cette part d'ombre, sans culpabilité, a été salutaire. Je me suis libéré de pensées et d'attirances compulsives. J'ai littéralement et concrètement fait le tour de la question.

En route pour Montréal

À l'hiver 1982, j'obtins un bac en théâtre de l'Université d'Ottawa. Ayant commencé à pratiquer le métier d'acteur, j'avais suffisamment de bagage pour envisager de faire le saut à Montréal. Une rencontre professionnelle allait accélérer les choses. Je fis la rencontre de Jean (prénom fictif), comédien et metteur en scène d'une pièce qui fut montée à Ottawa. Notre relation déborda bientôt du cadre professionnel et devint peu à peu plus intime, si bien que l'idée de faire mes valises et d'explorer de nouveaux horizons se fit plus pressante.

C'est pratiquement sur un coup de tête que je quittai Michel Marc pour aller vivre avec Jean à Montréal. Cette séparation brutale fut douloureuse pour Michel Marc. Je regrette aujourd'hui d'avoir agi ainsi, mais à l'époque, mon ego ne faisait pas dans la nuance. Les deux années d'épreuves que j'avais vécues à Ottawa m'avaient laissé une certaine amertume. J'avais besoin de poser un geste d'éclat, dont je perçois à présent la puérilité, mais qui me paraissait justifié à l'époque.

Les quelques personnes du milieu artistique d'Ottawa à qui j'annonçai mon départ réagirent de différentes façons. Si certains se montrèrent enthousiastes, la plupart étaient sceptiques, jugeant mon choix voué à l'échec. Une actrice qui avait fait carrière toute sa vie en Outaouais me fit cette mise en garde: «Tu sais, Patrice, vaut mieux être un roi dans un village qu'un valet dans une métropole.» Ce commentaire à courte vue vint renforcer ma décision de partir. La question de savoir si j'allais me lancer directement dans la jungle montréalaise ou passer par une école ne se posa guère. Il était préférable que je poursuive ma formation, ne serait-ce que pour nouer d'autres contacts et me sentir plus solide et outillé par la suite. Je voulais auditionner à l'École nationale de théâtre et nulle part ailleurs. Le concours avait lieu au printemps. Cela me laissait donc deux mois pour me préparer.

À l'hiver 1982, je fis donc mes quelques boîtes et déménageai à Montréal. La journée du départ, sur l'autoroute, je regardai, à la fois attristé et soulagé, s'éloigner derrière moi la ville où j'avais vécu tant de choses en si peu de temps. Puis, me tournant vers l'avant, je fis face à la route, bien décidé à passer à autre chose. À vingt-deux ans, j'avais l'avenir devant moi et, malgré la peur que j'éprouvais, j'étais porté par une détermination farouche. Si j'avais su tout ce qui m'attendait, j'aurais peut-être été tenté de rebrousser chemin...

Coup de cœur

LA CRÉATION

Ces années à Ottawa donnèrent le ton au type de carrière que j'allais connaître. Au théâtre, je participais à des œuvres de création. Les années qui suivirent allaient confirmer cette tendance. J'ai non seulement joué dans des pièces de création, mais j'ai souvent fait partie des premières moutures. Parcourir la route menant à la mise au monde d'une œuvre théâtrale en compagnie de l'auteur, du metteur en scène et de toute l'équipe de création est une expérience formidablement enrichissante. Il y a beaucoup à apprendre de se trouver ainsi au cœur du processus, de la genèse au dévoilement. On en ressort forcément grandi.

Dans un monde où la norme est trop souvent érigée en système et où tout est formaté pour avoir une fonction utilitaire, il m'apparaît essentiel de valoriser un processus qui cible la beauté, l'imaginaire, la gratuité ; bref, ce qui apparaît souvent comme superflu alors qu'il est ô combien essentiel. Après tout, créer est tout aussi vital pour l'être humain que respirer, boire et dormir. Créer stimule les sens et favorise l'estime de soi. Toutes les classes sociales devraient bénéficier d'un soutien matériel, financier et humain pour concrétiser les idées qui les animent.

J'ai lu récemment qu'on peut faire une analogie riche en symboles entre le processus créatif et les différentes étapes de la vie d'un papillon. L'idée de départ s'apparente à l'œuf, tandis que les essais, erreurs, embûches et période exploratoire rappellent le stade de la chenille. Puis vient l'incubation nécessaire au travail de création, tout comme la chrysalide où le repos n'est qu'apparent. Enfin, le papillon qui déploie ses ailes équivaut au dévoilement de l'œuvre, à sa mise en lumière. C'est une image que je trouve très inspirante. Incidemment, on peut aussi désigner le papillon sous le terme «imago».

Chapitre 4
École de théâtre, école de vie

Il me fallut peu de temps pour me familiariser avec Montréal. Les grandes artères de la métropole sont disposées selon un plan en damier. Le boulevard Saint-Laurent, cette frontière nord-sud qui sépare depuis toujours l'est et l'ouest de la ville, est un repère simple pour tout nouvel arrivant. À l'image d'une catalogne colorée, les divers quartiers m'apparurent clairement juxtaposés. Le tout me semblait hétérogène, comme si une multitude de villages et de communautés étaient soudés les uns aux autres. La cohésion de cet ensemble bigarré qu'est Montréal est toujours demeurée pour moi un mystère. L'esprit qui règne à Rosemont ou à Pointe-aux-Trembles est si différent de celui dans Outremont ou le West Island que j'ai plus souvent eu l'impression de vivre dans une communauté d'états que dans une ville.

À mon arrivée en 1983, la vie culturelle riche, intense et variée que je découvrais fut un véritable coup de cœur. Jean connaissant beaucoup d'artistes, j'eus la chance de rencontrer plusieurs personnes du milieu dont la plupart avaient marqué ma jeunesse. Quel bonheur de saluer Jean-Louis Millette, Andrée Lachapelle, Huguette Oligny et tant d'autres pour qui j'avais un grand respect. Impressionné, j'espérais secrètement partager un jour la scène avec eux. Parmi les rencontres marquantes que je fis, il y eut celle avec Denise Morelle. Deux semaines avant sa tragique disparition, je fus présenté à la Dame Plume de mon enfance. Je la vois encore, assise sur un canapé, souriante. Sa mort atroce a été un choc épouvantable. La réalité avait le pouvoir de détruire brutalement le rêve.

À la Ligue nationale d'improvisation, je vis plusieurs performances éblouissantes d'une foule de jeunes acteurs et actrices émergents, bourrés de talents, et avec de l'audace et du chien. Rémy Girard, Patrice L'Ecuyer, Suzanne Champagne ou Normand Brathwaite étaient en feu. Assis sur mon banc à regarder les matchs, je prenais la mesure de ce nouveau terrain de jeu et de la distance qui m'en séparait. Personne ne m'attendait ici et j'avais tout à apprendre.

Accepté !

Je préparai donc fébrilement mes auditions d'entrée à l'École nationale de théâtre avec une amie comédienne d'Ottawa. L'audition se fit entre autres devant Michelle Rossignol, alors directrice de cette école. C'est dans un vaste local éclairé par de grandes fenêtres et tapissé d'imposants miroirs que je présentai deux scènes, une issue du répertoire et l'autre du théâtre québécois. Je ne disposais que de quelques minutes pour montrer que j'avais ce qu'il fallait pour devenir acteur.

Plus de trois cents aspirants comédiens firent la première audition. De ce nombre, seuls une cinquantaine furent sélectionnés pour la semaine de stage à l'issue de laquelle seraient choisis quatorze nouveaux élèves en interprétation. Apprenant dès le lendemain que j'étais retenu pour le stage, je contins cependant ma joie étant donné la somme de travail qui m'attendait. J'eus le plaisir de travailler sous la direction de Monique Mercure. Interprétation, danse, chant et improvisation étaient au programme de ces sept jours très intenses, baignés par les peurs, le rire, l'émotion et la compétition. Motivé par le désir de franchir cette étape cruciale, je mis les bouchées doubles. Pas question d'échouer ce stage et de devoir auditionner dans une autre école.

Néanmoins, le doute m'habitait. Et si j'étais refusé ? Ayant déjà un certain bagage professionnel, je pouvais envisager de faire carrière sans passer par une école. Cela pouvait-il être un obstacle dans les circonstances ? Mon désir de faire un sans faute devint obsédant. D'ailleurs, ce côté scolaire allait paradoxalement m'aider et me nuire une grande partie de ma vie. À l'issue du stage furent présentées en rafale les scènes qui avaient été travaillées durant la semaine. Longue et stressante épreuve où chaque candidat vivait un moment déterminant. L'atmosphère était solennelle et contradictoire, comme s'il s'agissait à la fois d'un baptême et d'un enterrement.

En fin d'après-midi, tandis que les professeurs délibéraient, nous nous tenions tous aux alentours de l'école, à attendre impatiemment le verdict. Je passai ce moment dans un parc à parler avec Nathalie, jeune comédienne que j'avais rencontrée à l'Université d'Ottawa. En nous croisant les doigts pour conjurer le mauvais sort, nous rêvions à voix haute. De retour dans le hall d'entrée de l'École de théâtre, c'est à une véritable scène de cinéma que j'assistai. Collées au mur, des feuilles indiquaient tous ceux et celles qui avaient été acceptés. Avec joie et soulagement, je vis que mon nom y était. Passé ce stade, je me sentis devenir neutre. Tout comme le jour de mon entrée en maternelle, dix-sept ans plus tôt, j'assistai aux cris de bonheur et aux pleurs déchirants qui résonnaient autour de moi. J'étais sans voix.

Une période de réclusion allait commencer. Pendant trois ans, je me consacrerais à la formation d'acteur. Une fois les études terminées, il n'y avait aucune garantie de trouver du travail. Était-ce vraiment ce que je voulais faire? Avais-je les capacités psychologiques pour composer avec la pression? Qu'allait-il se passer si l'atmosphère devenait trop lourde ou que je ressentais trop fortement des incompatibilités avec des élèves de mon groupe? Pour trouver réponses à ces questions, il me fallait plonger et apprendre à nager dans un aquarium avant d'être jeté dans une mer d'inconnu.

La Classe

Après un été consacré à me préparer mentalement et physiquement, je commençai l'école sur les chapeaux de roues. Sept acteurs et actrices avaient déjà fait une année qu'on appelait préparatoire. Nous étions sept nouveaux à nous greffer à ce groupe. À l'époque, il était envisageable d'entrer à l'école en sautant l'année préparatoire, selon son âge et ses antécédents. Former un nouveau groupe de quatorze individus dont la moitié possédait déjà un bagage commun ne fut pas facile. La chimie mit du temps à s'installer.

Ceux qui venaient d'entrer avaient le réflexe de chercher à en mettre plein la vue. Michelle Rossignol dirigeait un exercice sur Molière et nous demanda, dès le premier cours, de nous lancer librement dans la lecture à voix haute de différentes scènes. Systématiquement, seuls les nouveaux se prêtaient au jeu, comme s'il s'agissait d'auditions une fois de plus. Les autres nous observaient essayer de faire nos preuves. Nous étions un groupe constitué de gens si talentueux qu'il devint courant de nous appeler la Classe. Inévitablement, il y eut des tensions entre nous, mais aussi des moments de grande complicité. Nous formions une espèce de clan avec tous les aspects que cela comporte. De cette cuvée allaient sortir Isabelle Vincent, Sylvie Drapeau, Roy Dupuis et Marie Charlebois, pour ne nommer que ceux-là.

L'École nationale était réputée pour former des acteurs avec moins de technique que ceux du Conservatoire, mais plus vrais dans leur jeu. Si aujourd'hui ce genre de clivage entre les écoles a disparu, je sentais néanmoins cette signature à l'époque. Le corps professoral prônait un enseignement plus expérimental que traditionnel. Cela allait bien souvent dans toutes sortes de directions. À cet égard, j'ai nettement plus appris des professeurs engagés le temps d'une production que des enseignants permanents.

Il m'arrivait de trouver la barre si haute que je me demandais comment j'allais la franchir. En fin de session, il y avait une évaluation de chaque étudiant lors d'une rencontre individuelle avec la direction de l'École. Selon le degré d'évolution ou de stagnation de l'élève, trois possibilités se présentaient : continuer, recevoir un avertissement, ou être mis à la porte. Pendant les trois années que je passai à l'École, j'ai constamment douté de ma capacité à demeurer dans les bonnes grâces de la direction. À tel point que, par moments, j'en devenais paranoïaque. L'attitude adoptée par le corps professoral était juste assez détachée pour susciter un état d'inquiétude permanent. Elle se traduisait concrètement par un habile mélange de silence, de culture du secret et de sous-entendus.

À preuve, cette unique fois où je me suis absenté du réchauffement matinal. Tous les jours, pour commencer la journée, les élèves de l'ensemble de l'école se retrouvaient dans le gymnase pendant une demi-heure, le temps de réveiller le corps et l'esprit. Ce matin-là, j'étais passé tout droit. En l'absence de justification valable, j'allai voir la professeure pour m'excuser. Elle ne fit rien pour me rassurer. À l'évaluation suivante, on me demanda les raisons de cette absence. J'étais estomaqué par ce que je percevais comme de la rigidité et de la mauvaise foi. Le climat ambiant se voulait bon enfant, mais la pression engendrait un stress continuel et sournois. Ce double message eut pour conséquence de maintenir en moi des émotions ambivalentes. Je me sentais inadéquat, limité ou pas assez performant, alors qu'on semblait apprécier mon talent et mon attitude.

COUP DE GUEULE

LES PETITS POUVOIRS

L'attitude de cette professeure est révélatrice du besoin qu'éprouvent certains individus d'affirmer leur pouvoir de façon obtuse et parfois tyrannique. C'est ce que désigne l'expression «les petits pouvoirs».

Il y a quelques années, je louai une auto pour me rendre à Québec. Comme on annonçait une tempête, je garai la voiture dans le stationnement souterrain attenant à la compagnie de location. Par mégarde, je laissai les phares allumés toute la nuit. Le lendemain, la batterie était bien sûr à plat. Je me rendis à la compagnie de location voisine pour qu'on vienne la «booster». Moins de cinq minutes plus tard, la camionnette était à l'entrée du stationnement. Je demandai à la préposée d'ouvrir la barrière. Elle me répondit: «C'est impossible. Il faut payer l'entrée avec un dépôt. Je vais vous donner un reçu et un coupon qui vous permettra de récupérer votre dépôt.» Sidéré, je lui répondis: «D'accord, madame, on va faire ça super compliqué à votre demande!» Je payai le droit d'entrée, et la camionnette vint remettre la voiture de location en état de marche. Elle ressortit du stationnement au bout de trois minutes. Après que j'eus participé, bien sûr, à l'inutile échange d'argent, de reçu et de coupon!

Cette attitude d'exécutant sans autonomie, sans initiative et sans cœur est très courante. Comment s'étonner qu'il y ait autant de lourdeurs administratives et si peu de mouvements spontanés? Et si on a l'élan de se plaindre, le petit tyran nous répondra qu'il ne fait que suivre les ordres, et que tout autre aspect ne relève pas de sa définition de tâches. Si ce que je demande n'est pas dans sa définition de tâches, lui correspond sûrement à ma définition de tache!

Tout bascule

En octobre 1983 commencèrent les premières crises d'anxiété. Je devais quotidiennement composer avec une mince marge de manœuvre et cherchais le plus possible à éviter tout ce qui pouvait engendrer une terrible sensation de chute, la crainte de tomber ou un état de vertige. Je dépensais une énergie folle pour arriver à mettre un pied devant l'autre, me sentant constamment comme un fildeferiste à l'équilibre fragile. Le moindre faux pas risquait d'être fatal. Je tendais uniquement à courir d'un point à l'autre, en espérant que la vitesse ait raison du moindre déséquilibre. Si je m'arrêtais, j'étais forcément condamné à tomber. Je ne devais jamais regarder en bas. Il me fallait aller tout droit, bouger, foncer, sinon tout risquait de basculer.

Dans mon malheur, je bénéficiais tout de même de certaines conditions qui me facilitaient les choses. Jean, qui partageait ma vie, me soutenait financièrement. Généreux et soucieux de mon bien-être, il m'avança plusieurs mois de loyer que je me fis un devoir de rembourser dès que je le pus, des années plus tard. Sa présence rassurante me permit de sortir, de voir du monde et des spectacles. J'avais en outre l'immense chance de rencontrer des créateurs inspirants et dynamiques. Ce terrain de jeu formidable auquel j'avais accès était une bénédiction.

J'étais un oiseau de nuit, tandis que le jour, j'enfilais les cours de chant, de danse, de jeu et d'improvisation. J'appréhendais par-dessus tout les moments où je me retrouvais seul. Inconsciemment, je ne cherchais qu'à me sauver de mes problèmes. L'éloge de la fuite était inscrit dans tout mon être. En brûlant la chandelle par les deux bouts, j'en vins à avoir un sommeil agité et peu réparateur. Lorsque mes premières crises d'anxiété se manifestèrent, Jean se trouvait en Europe. L'équation était simple : solitude rimait avec vulnérabilité, anxiété et détresse.

En m'érigeant un système de buts à court et à moyen terme, je parvins à fonctionner normalement en apparence. Le jeu devint un exutoire extraordinaire dont j'allais bientôt saisir tous les aspects thérapeutiques. La quête frénétique de guérison était d'autant plus grande qu'il m'arrivait de penser au pire. Si j'en arrivais à devenir graduellement incapable de fonctionner, de répéter et d'apprendre des textes, serais-je alors forcé de quitter l'École ? Je devais absolument terminer ma première session pour faire le point et espérer y voir plus clair.

Les semaines passèrent et, avec l'arrivée imminente de l'hiver, l'état général dans lequel je me trouvais était à l'image de la noirceur et du froid qui s'installaient. Pour compenser, je sortais beaucoup avec les élèves de ma classe. Après les répétitions, nous allions souvent dans une brasserie adjacente à l'École, où nous buvions et fumions en refaisant le monde jusqu'aux petites heures du matin. Ces moments me rassuraient. Ils me donnaient une impression d'ancrage dans le réel. Les liens affectifs qui se tissaient étaient précieux. Je m'accrochais à cette bouée de sauvetage. Faire autant la fête eut tout de même des conséquences. Le manque de sommeil me fragilisait et amplifiait un mouvement intérieur s'apparentant à des montagnes russes perpétuelles et étourdissantes. Ce que je cherchais à fuir me rattrapa pourtant de manière foudroyante.

Une fin d'après-midi, après une répétition, je me retrouvai seul dans les douches de l'École nationale. Mon corps était détendu, mais mon esprit agité. En me savonnant, je portai une attention de plus en plus soutenue aux différentes sensations que j'éprouvais. Il y eut d'abord la vapeur qui m'enveloppait et semblait se refermer sur moi. Ma respiration devint plus difficile, comme si la chaleur m'étouffait tranquillement. Puis ce fut au tour du son de l'eau sur les tuiles du plancher. L'écho constant et irrégulier traversait mes oreilles et résonnait dans tout mon être. Mon corps devint pesant et mon souffle, haletant. Mes jambes commencèrent à trembler. Le sol s'ouvrit sous mes pieds. Une brutale dissociation s'opéra dans ma tête, provoquant une sensation de chute.

Le jet d'eau qui sortait du pommeau de douche me sembla devenir une volée de poignards. La terreur m'envahit. Des images horribles m'apparurent en cascade. Je sortis de la douche en criant. Seul le silence me répondit tandis que le froid m'entoura subitement. Nu, seul et tremblant, j'étais sous le choc. Regardant la douche qui coulait toujours, il me fallut plusieurs minutes pour reprendre mes esprits. Soulagé que personne n'ait vu cette scène, je décidai qu'il valait mieux garder cela secret. Pour la direction de l'École, ce pourrait être un motif considéré comme suffisamment grave pour qu'on m'indique la porte.

Des réalités contraignantes

Des crises similaires et tout aussi souffrantes allaient bientôt se manifester en d'autres circonstances. Je dus composer avec de nouvelles contraintes là où je n'éprouvais aucun problème auparavant. Prendre le métro devint soudainement une épreuve, un véritable parcours du combattant, puisque je devais l'emprunter quotidiennement pour me rendre en classe. Seulement quatre stations me séparaient de l'École nationale, soit un trajet de dix minutes. Ce qui pouvait paraître très simple pour le commun des mortels devint complexe pour moi. Étant plus vulnérable à toute éventuelle attaque de panique, je négociais le trajet dans tous les détails. J'y allais par étapes, en me fixant des repères et des buts, afin de ne pas m'égarer mentalement.

De chez moi, il me fallait descendre une rue en pente, puis traverser une voie rapide. De l'autre côté, je devais ouvrir une lourde porte qui donnait sur un corridor souterrain sale et humide au bout duquel les escaliers roulants étaient le plus souvent en panne. À la sortie, j'avais quelques pas à faire pour arriver à la station de métro. La pression causée par l'appel d'air rendait difficile l'ouverture des portes. Dans la station, l'air était chaud et sentait le renfermé, tandis que les néons émettaient une lumière et un son mornes. Le regard vide des contrôleurs au guichet me déprimait, comme si je voyais un poisson mort dans un aquarium. J'empruntais par la suite les escaliers roulants en m'agrippant à la rampe, pour finalement aboutir sur le quai. Avec un peu de chance en cette heure de pointe achalandée, j'arrivais à m'asseoir sur un banc en attendant le prochain train.

Au centre des voies électrifiées, des écriteaux indiquaient que marcher sur les rails était dangereux et pouvait causer la mort. Une foule de personnes affairées et totalement absentes déambulaient, absorbées par leurs pensées ou leur journal, tandis qu'une voix lugubre diffusait ponctuellement dans les haut-parleurs des messages à l'intention des employés du réseau de transport. « 1022, communiquez. » Dans ces moments de grisaille absolue, l'envie de me jeter dans le vide me traversait l'esprit.

Un jour en particulier, mon jugement fut plus altéré que d'habitude. En cette heure matinale, le métro arrivait bien souvent bondé. Contraint de rester debout, je me cramponnai à un poteau métallique. Les mouvements et soubresauts du wagon parcouraient tout mon corps. Mon esprit perturbé se mit alors à disséquer la réalité. Tandis que des odeurs nauséabondes régnaient dans le wagon, le trajet me parut soudainement interminable, tant l'alternance du freinage et du démarrage me faisait perdre constamment l'équilibre.

J'aurais voulu m'asseoir ou que quelqu'un me cède sa place au plus vite. J'essayais de m'accrocher à n'importe quelle idée susceptible de me rassurer, car les premiers signes d'une crise commençaient à se manifester.

Alors que j'étais pris en étau entre plusieurs personnes, le cauchemar démarra en trombe. Mon pouls s'accéléra. Des picotements se firent sentir sur ma nuque, et mes mains devinrent froides et moites. Le poteau glissa sous mes paumes. J'eus l'effroyable impression qu'il s'étirait brutalement jusqu'au centre de la Terre.

La fragmentation insupportable de la réalité me fit sortir en catastrophe du wagon à la station suivante. Lorsque les portes s'ouvrirent, le bruit semblait décomposé et en cascade. Terrifié et craignant de m'évanouir, je parvins à m'asseoir sur un banc tandis que le métro quittait la station. Seul et assommé comme après le passage d'un cyclone, je restai là, figé, à regarder passer trois trains. Il me fallut de longues minutes avant de trouver le courage de remonter dans le métro.

La liste des endroits et des circonstances anxiogènes allait s'allonger. Porter un sac ou une valise pouvait devenir un problème. Un matin, alors que je me rendais à l'École, je traînais mon sac habituel, la main sur la poignée et marchant d'un bon pas. Graduellement, mon attention se porta sur la sensation de pesanteur qui me tirait vers le bas. Mes jambes se mirent à faiblir. Brusquement, une forte sensation de chute se manifesta, comme si mon sac m'entraînait dans un puits sans fond. Un choc électrique traversa ma main, mon bras et mon épaule tandis qu'à nouveau, les picotements assaillaient ma nuque. Je dus déposer mon bagage sur le trottoir. Lorsque je tentai de le reprendre quelques minutes plus tard, il me fallut aussitôt le relâcher. La crise me paralysait. Je dus interrompre plusieurs fois ma marche, alternant le port du sac d'une main à l'autre, et faire de nombreux arrêts pour prendre de grandes respirations. Encore une fois, je me sentais handicapé et démuni.

Au mois de décembre 1983 survint une crise majeure. Ayant décidé de visiter ma famille à l'occasion du temps des Fêtes, je pris un autobus interurbain entre Longueuil et Saint-Antoine-de-Tilly. Ce bus s'arrêtait fréquemment le long du parcours de deux cent cinquante kilomètres pour faire monter et descendre des passagers. En raison de l'hiver et de la période très achalandée de Noël, le trajet dura près de quatre heures. L'autobus était bondé. Outre mon bagage au-dessus de moi, j'avais une valise sur mes genoux. Assis au bord d'une fenêtre, je disposais de peu d'espace pour mes jambes. Épuisé par un automne chargé ainsi que par les nombreuses et graves crises d'anxiété que j'avais vécues, j'appréhendais le voyage, qui s'annonçait long et pénible. J'avais perdu beaucoup de poids, ne pesant plus que cent vingt livres. Les attaques de panique avaient même marqué mon avant-bras gauche, entièrement couvert de plaques d'eczéma.

Mes mauvaises habitudes de vie n'aidaient en rien ma condition. Ce jour-là, je n'avais que des cigarettes et du café dans le corps. Anxieux et surmené, j'aurais voulu dormir, mais le bruit des conversations et du moteur m'en empêchait. Tant bien que mal, je parvins à somnoler contre la fenêtre en utilisant mon chandail en guise d'oreiller. Ma tête cognait malgré tout sur la vitre à cause des brusques mouvements de l'autobus. L'oppression me gagna vite. Tiraillé entre l'envie de fermer les yeux et la crainte de m'abandonner, je sentais que la valise commençait à peser sur mes genoux. L'impression soudaine d'être pris au piège déclencha une crise. Sensation de chute, palpitations et sueurs froides se succédèrent rapidement. Je voulus me lever, mais mon voisin plutôt corpulent dormait.

Pouvant à peine bouger, je parvins avec effort à déposer ma valise à mes pieds. Le soulagement fut de courte durée et le voyage se transforma en cauchemar. La moindre courbe, descente ou montée effectuée par le véhicule était amplifiée, comme si j'étais pris dans un manège. C'était une torture d'autant plus grande que je ne pouvais ni sortir ni demander de l'aide. Après un trajet d'enfer, j'arrivai enfin chez mes parents. Je vois encore la tête de ma mère à mon arrivée. J'étais vert, maigre et mes yeux étaient affolés : elle ne me reconnut pas. En apercevant mon avant-bras gauche, elle poussa un cri. En trois mois, l'anxiété avait profondément marqué mon corps. Le mal était inscrit en moi et la guérison semblait très lointaine, voire quasi impossible.

Au cœur de la noirceur

À l'hiver 1984, les crises se firent fréquentes. Je gérais tant bien que mal ma nouvelle condition en évitant autant que possible d'être exposé trop longtemps à des situations impliquant le métro, la douche, le poids ou la vitesse. C'était sans compter le froid qui, avec l'arrivée de l'hiver, allait s'ajouter à la longue liste de facteurs aggravants.

Certaines journées glaciales avaient un effet particulièrement violent sur moi. Le froid intense me procurait des sensations désagréables au visage, aux doigts et aux orteils, entraînant une insensibilité, des difficultés de mouvements et d'élocution, et créant surtout une angoissante impression de paralysie. Si je devais marcher dehors sur une longue distance, je pressais le pas. Si par contre je devenais soudainement trop fragile, j'entrais dans un commerce, le temps de reprendre mon souffle et de retrouver mes esprits.

Un soir d'hiver, par un froid sibérien, une expérience dramatique allait se produire.

Habitant le Vieux-Montréal, où le plus proche supermarché était à bonne distance, je devais faire l'épicerie. Sans auto et trop pauvre pour me payer un taxi, j'y allai à pied et sans gants. Cet oubli stupide faillit avoir des conséquences dramatiques. Au retour, tandis que je portais deux lourds sacs de plastique munis de poignées, tout vira au cauchemar. Les vents forts ralentissaient mes pas, transformant ma cargaison en haltères. Mes mains gelèrent si vite que je fus obligé de m'arrêter à maintes reprises avant de poursuivre ma route. Les rues étant désertes, je me sentis atrocement seul et vulnérable. Mes doigts me faisaient terriblement mal, comme s'ils étaient taillés par des lames.

La fatigue, la peur et le stress dévoraient toute mon énergie. Mes pieds étaient crispés et ma respiration, coupée. Je parvins péniblement à marcher jusqu'à ma porte, constatant avec horreur que mes doigts ne m'obéissaient plus. Mes clefs devenaient tout à coup inaccessibles. Il me fallut plusieurs minutes pour finalement saisir mon trousseau. Paniqué, je n'avais plus la force d'agir efficacement, d'autant plus que la serrure gelée résistait. Je dus m'y prendre à plusieurs reprises pour ouvrir la porte. Ce soir-là, j'ai vraiment cru que j'allais mourir gelé. La ligne qui me séparait de l'au-delà m'apparut bien mince. Cet événement pénible est aussi clair dans mon souvenir qu'il y a trente ans. Il marqua une prise de conscience importante. J'étais désormais sûr d'une chose : la mort ne me faisait pas peur.

Le jeu comme thérapie

Ayant réussi à terminer la première année d'école, j'abordai la deuxième avec soulagement. L'état fragile dans lequel je me trouvais n'eut pas d'incidence négative majeure sur l'appréciation des professeurs à mon égard. La pression demeurait néanmoins très présente. Deux élèves de notre groupe furent renvoyés. Dur rappel pour tous les autres qu'il n'y avait rien d'acquis. Je mis à profit les différentes techniques de respiration et d'ancrage qu'on m'avait enseignées pour rester le plus possible dans le concret. Canaliser ainsi mon attention demandait beaucoup d'énergie, étant donné que mes pensées avaient tendance à aller dans tous les sens.

Les buts que je me fixais à court terme m'aidaient à maintenir le rythme. Je tentais du mieux que je le pouvais de faire face aux épreuves, de composer avec la pression et de mettre en perspective ce qui m'arrivait. Sombre, tourmenté et excessif, j'avais tout le profil de l'acteur existentialiste et ténébreux. J'en faisais pratiquement une marque de commerce. Cette image que je projetais était un paravent avec lequel je me protégeais. En cultivant le mystère, j'espérais susciter la curiosité tout en entretenant un rapport de séduction avec mes proches. Je cherchais à me servir de cette crise existentielle plutôt que de la subir. Le théâtre devenait un terrain de jeu thérapeutique. Les enjeux souffrants avec lesquels je me débattais étaient du carburant. Dans une espèce de processus alchimique, le jeu transformait l'enjeu.

Je découvris de plus en plus clairement le pouvoir des mots. En décortiquant des textes, j'avais le sentiment d'en extraire toute la substance. Des images en jaillissaient et me portaient. Les mots ont une résonance extrêmement forte et le verbe est l'appui même sur lequel repose l'action. La façon dont j'apprenais à travailler et à m'approprier les répliques et les dialogues me donnait un espace de liberté nouveau. Le métier dans lequel je m'engageais était absolument libérateur. Arriver à rendre théâtraux les sentiments les plus tragiques qui m'habitaient était une avenue que je découvrais à la fois avec frayeur et fascination. Ma nature angoissée s'accommodait bien de tous ces voyages dans la psyché humaine. Il me fallait plonger dans mes zones d'ombre. Puiser dans ma mémoire ne m'était pas facile, mais à force de me prêter à l'exercice, j'arrivais à m'amuser. Souvent, je rencontrais des nœuds, selon que j'endossais tel ou tel personnage. C'était chaque fois un véritable laboratoire me confrontant à toutes sortes d'expériences.

Si les rôles que je jouais étaient variés et colorés, dans la vie et au quotidien, je portais surtout du noir. Même si à la longue cela faisait cliché, j'adoptais cette méthode simple pour m'habiller. Il paraît que le noir, par son opacité, est l'illustration même de la défense et de la protection. Dans mon cas, ce code vestimentaire allait durer si longtemps que ce n'est qu'à l'aube de la cinquantaine que je me décidai à ne plus porter systématiquement du noir, pour littéralement afficher mes couleurs.

À l'École nationale, c'est grâce à de multiples rôles que je pus m'autoriser à explorer le monde des émotions. Il m'était parfois très difficile d'incarner un personnage dont la charge et les intentions me renvoyaient clairement à des aspects de moi-même. Si les univers de certaines pièces me semblaient familiers, d'autres ne résonnaient nullement en moi. Je pataugeais et fouillais pour arriver à m'approprier la langue, le rythme et la musique du personnage.

J'ai toujours considéré qu'un bon acteur avait les capacités pour naviguer dans des univers différents, même si parfois l'un d'eux était particulièrement hermétique et demandait une approche plus singulière. Combien de fois me suis-je cassé la tête en essayant de comprendre non seulement les enjeux véritables d'un personnage, mais également la part de mon être qui était sollicitée à ce moment-là. J'ai fini par découvrir que ce n'est pas pour rien qu'un rôle nous va comme un gant et nous porte, alors qu'un autre nous étouffe et nous pèse. Un comédien est un interprète. C'est un traducteur. Bien sûr, l'aspect créatif est fondamental, mais encore faut-il saisir l'importance de ce qui anime le personnage et l'acteur qui le joue. D'où la nécessité d'arrimer les élans respectifs du comédien et du rôle qu'il interprète. Mais l'acteur est aussi un instrument. À la manière d'un violon ou d'un piano, il se met au service de l'ensemble, de l'orchestre. Dans ce contexte, la liberté de jouer se dessine afin qu'il puisse vibrer. C'est alors que tout devient organique et incarné. Une vérité émerge, puissante et lumineuse. Le contraire ne peut que sonner faux, le résultat devenant dissonant et plaqué.

L'analogie entre le théâtre et la musique est fondamentale à mes yeux. La musique, tout comme la nature, est une chose qui ne ment pas. C'est une des raisons pour lesquelles j'ai toujours l'impression, en répétition, de faire mes gammes pour trouver la nature d'une œuvre. À force d'intégrer les mots, les mouvements et la trajectoire émotionnelle, le fossé entre le personnage et mon essence s'estompe. Si tout va bien, il peut en résulter un état de grâce et le plaisir tout simple et profond de jouer.

Jouer pour guérir devint donc la voie qui s'imposa d'elle-même. Plus qu'un métier, cela devenait carrément une nécessité pour moi. Je sentais que j'avais un engagement envers moi-même, une sorte de contrat dont je n'arrivais pas encore à identifier toutes les clauses. Jouer transcendait mon mal de vivre et me délestait des blocages que je portais. Mes crises d'anxiété m'obligèrent à réapprendre la respiration. Le métier d'acteur exige du souffle. Je disposais donc d'une planche de salut extraordinaire.

Je développai pour le jeu une passion parfois ambivalente. À force de me bousculer et de sortir de ma zone de confort, je craignais d'être confronté un jour à mes limites. Allait-on finir par découvrir que je n'étais qu'un imposteur ? Ces moments de doute me hantaient par moments. Puis, le feu se ranimait et alimentait mon désir de foncer, de me dépasser, et de trouver des réponses et des solutions aux entraves qui freinaient mes élans.

Il m'arriva souvent d'envier les élèves de ma classe qui ne semblaient pas se poser autant de questions que moi sur le sens du jeu et de la vie. C'est du moins l'impression que j'avais. Certains abordaient leurs rôles de façon intuitive, alors que d'autres étaient plus pragmatiques dans la manière d'endosser un personnage. De mon côté, je compliquais inutilement les choses. La recherche de sacré et d'absolu pouvait alourdir mon travail, alors que j'étais constamment en quête de légèreté. Tant de contradictions n'étaient reposantes ni pour moi ni pour les autres, mais je demeurais convaincu que la manière singulière dont j'abordais mes problèmes et mon métier allait finir par porter ses fruits.

La structure de l'École me rappelait un peu celle d'un hôpital. J'avais accès à un suivi, à des professionnels et à tout un programme adapté. Cette institution pouvait aussi se révéler être une garderie, un monastère ou une prison. Selon mes états d'âme, le regard que j'y posais quotidiennement était totalement subjectif, mais suscitait en moi une foule de questions qui trouvaient graduellement des réponses. Je me souviens encore d'une phrase que nous avait répétée à maintes reprises la directrice de l'École, Michelle Rossignol : « C'est le temps pour vous de faire des erreurs. » Et pourtant, s'il y a une chose avec laquelle j'ai longtemps eu beaucoup de difficulté, c'était bien d'admettre mes erreurs.

Premières prises de conscience

Les premières crises d'anxiété me semblèrent purement accidentelles. Leur récurrence et les moments où elles survenaient me permirent au fil du temps d'en détecter les signaux avant-coureurs et d'identifier certains paramètres. Mon hypersensibilité en favorisait le déclenchement rapide. À force d'en vivre, je fis des liens. Il y avait un fossé entre mes perceptions et la réalité objective, comme si je vivais dans une bulle personnelle évoluant à l'intérieur de la bulle de l'École nationale de théâtre. Pour aller plus loin dans cette image de poupées gigognes, on pourrait également avancer que l'École nationale est une bulle à l'intérieur de la grande sphère théâtrale. Le métier d'acteur est un domaine particulier, animé par des êtres qui s'interrogent sans cesse sur le sens de l'existence et les rapports entre humains. Paradoxalement, jouer dans une pièce revient à vivre un moment totalement trafiqué, balisé par des conventions où la proposition fondamentale consiste à prendre le faux pour du vrai.

L'autre prise de conscience que je fis touchait l'imaginaire et les mondes surréalistes. Cet ailleurs m'attirait fortement et m'enchantait, mais révélait un désir de fuir une société dont les règles ne me convenaient pas. Je réalisai en troisième lieu que si le cadre scolaire dans lequel j'évoluais me donnait un ancrage salutaire et me permettait de discipliner mon chaos personnel, j'entretenais tout de même un rapport ambigu avec l'autorité. La discipline et l'équilibre me heurtaient et me rendaient rebelle.

Couche-tard impénitent, j'adorais la vie nocturne. La peur de me retrouver seul me poussait à retarder le plus possible le moment d'aller au lit. Quand j'étais seul, la nuit me semblait toujours menaçante. Je ne voulais à aucun prix réveiller mes démons intérieurs.

À défaut d'une présence, je recherchais la lumière. Les jours de congé, je restais au lit. Je savourais le calme, la plénitude et l'intimité qui me permettaient de recharger mes batteries, de rêvasser, et de faire le point afin d'identifier clairement les circonstances qui favorisaient l'anxiété. La plupart du temps, lors de mes premières crises, je m'étais retrouvé seul, comme dans la douche. Il m'arriva aussi de vivre des psychoses en présence d'autres personnes, le plus souvent étrangères. Ce fut le cas dans le métro. Une suite de nouveaux événements dramatiques allait bientôt se produire, impliquant des proches.

Durant un exercice théâtral dirigé par Denise Filiatrault, notre classe présentait des scènes tirées des *Fridolinades* de Gratien Gélinas. Dans *Si j'étais King*, le personnage que j'interprétais était un roi de pacotille. Au début du spectacle, alors que j'étais couché dans un lit, deux jeunes demoiselles venaient me réveiller en chantant. Puis, je devais fumer un cigare, me lever subitement et danser une chorégraphie endiablée.

Un soir de représentation, toujours dans le lit, le cigare que je fumais me leva le cœur.

Une sensation de grisaille et de lourdeur m'envahit, suivie d'un gros étourdissement qui provoqua une crise au moment où j'entamai la chorégraphie. J'eus la terrible impression de chuter alors que tout devint décalé, se transformant en cauchemar. Ne pouvant sortir de scène, pris au piège et terrifié, j'arrivai néanmoins à exécuter mécaniquement les pas de danse et à réciter mon texte. La crise avait été sévère et était survenue dans un nouveau contexte.

Pour la première fois, je pris conscience qu'il existait un dénominateur commun à tous les épisodes d'anxiété que j'avais vécus jusque-là : je me trouvais invariablement dans un lieu clos. La douche, le métro, l'autobus ou la scène ne permettent pas toujours de sortir quand on le veut. Je réalisai que, dans tous les cas, j'avais l'impression d'être piégé. Je me sentais menacé, mais je n'aurais su dire par quoi, puisque rien de concret ne justifiait mon état. J'entrais pourtant dans un état de vulnérabilité extrême où je me sentais totalement à la merci d'une catastrophe potentielle et dans l'impossibilité de faire quoi que ce soit pour y remédier. Je n'étais plus qu'un concentré de paranoïa absolue.

Pour tenter de comprendre ce qui m'arrivait, je lus quelques ouvrages à caractère psychologique et spirituel. Je parlai aussi plus ouvertement de mes crises à mon entourage. Des éléments de réponses commençaient à se dégager. J'avais réussi à identifier quelques indices récurrents qui se manifestaient lors d'une crise, se résumant pour l'instant à quatre mots-clés : lieu clos, vulnérabilité, catastrophe imminente et chute.

Une occasion de prendre du recul

Au printemps 1985, entre ma deuxième et ma troisième année d'école, on me proposa de jouer dans un théâtre d'été à Baie-Comeau. Michelle Rossignol accepta que je participe à cette production, même si je n'avais pas encore terminé mon cours. Isabelle Vincent, mon amie et compagne de classe, eut la même permission et se joignit à moi. Cet été-là, nous allions créer une pièce composée de sketches avec une foule de personnages. La mise au monde d'un spectacle professionnel grand public exige une somme de travail considérable. Arrivés sur la Côte-Nord au mois de mai, nous devions y rester jusqu'au mois d'août. La pièce fut présentée tout l'été et connut un important succès. Cet éloignement me fit grand bien et me donna de nouvelles perspectives par rapport à l'anxiété. J'allais bientôt faire une découverte très éclairante à ce sujet.

Le premier sketch du spectacle mettait en scène un personnage de collecteur d'impôts chétif qui finissait par devenir le souffre-douleur d'un couple. Ce dernier le prenait en otage, lui faisait subir des sévices et se transformait peu à peu en un duo diabolique. Je jouais le personnage du comptable victime.

Plusieurs fois durant l'été, ce sketch me mit dans un tel état de vulnérabilité que j'en perdis mon texte. Malgré mon excellente mémoire, il m'arrivait d'oublier des répliques. Je détestais jouer cette situation, au point où je commençais à en faire une affaire personnelle. Je finis par réaliser pour la première fois de ma vie qu'il pouvait y avoir un lien direct entre un personnage et l'acteur qui le joue. Tout au long de ma carrière, cette équation allait se confirmer. Un personnage piégé, pris en otage et subissant les foudres de deux démons, reflétait théâtralement ma condition psychologique du moment. Une telle évidence me bouleversa. Il pouvait donc exister une équation troublante entre ce que je vivais au quotidien et ce que je jouais sur scène.

Cet été-là me donna une occasion inespérée de prendre du recul et de faire le point. Le calme et la beauté de la région de Baie-Comeau me firent l'effet d'un baume extrêmement bénéfique avant que je reprenne mes activités scolaires afin de terminer ma formation à l'École. En dépit de ces conditions favorables, mon esprit demeurait tout de même fragile et tourmenté.

Les parents d'Isabelle Vincent vinrent passer quelques jours pour voir la pièce et découvrir les environs. Un après-midi, nous partîmes tous les quatre en voiture visiter un barrage hydroélectrique. J'étais assis à l'arrière avec Isabelle. La vitesse, les montées et descentes subites du véhicule et le vent fort qui entrait par les fenêtres commencèrent à devenir désagréables. À nouveau, je me sentis prisonnier et à la merci d'un danger imminent. Soudainement, une crise d'anxiété majeure finit par se déclarer. Paniqué, je cherchai à freiner avec mes jambes, comme si j'étais au volant d'une voiture hors de contrôle. Isabelle, me voyant désespéré, demanda à son père de ralentir.

Les progrès que j'avais faits pour m'affranchir de l'anxiété se révélaient moins grands que je ne le croyais. Je composais encore mal avec les lieux clos, mais la création d'une pièce de A à Z s'était passée plutôt rondement. Il m'était donc possible de fonctionner normalement et librement. Si l'anxiété pouvait encore se manifester sévèrement par moments, alors que je me sentais si bien en d'autres circonstances, qu'est-ce que cela pouvait bien signifier ? Et si la source du problème venait non pas de l'inconnu, mais bien du connu ?

J'avais besoin de mettre des mots et des images sur les troubles anxieux que j'éprouvais. Le chaos nécessitait du ménage et de l'ordre. Mis à part quelques rares personnes, mon entourage m'était de peu de secours. La plupart de mes proches étaient pragmatiques et considéraient les crises d'anxiété comme étant grosso modo le résultat d'une accumulation de stress et de fatigue.

Je savais que la source était plus profonde. La psychothérapie traditionnelle aurait dû être la voie à emprunter pour trouver des réponses adéquates. Or, je ne pris pas ce chemin. Plusieurs raisons expliquent ce choix. Le coût d'une psychothérapie me semblait exorbitant. Si cette raison peut paraître aujourd'hui boiteuse, elle fut suffisante à l'époque pour me freiner. L'autre raison tenait à ma nature dépendante. Ma vie était déjà marquée par un attachement très puissant aux gens, aux illusions, à l'alcool et au passé, et la crainte de développer une relation fusionnelle avec un thérapeute, voire de recréer une sorte de lien parental, renforça ma décision d'essayer de m'en sortir seul.

Une bonne dose d'orgueil me poussait également à croire que j'avais toutes les capacités pour m'en sortir seul. Si des millions de personnes à travers les âges avaient réussi à faire face à l'adversité en des circonstances autrement plus difficiles, et sans ressources thérapeutiques, alors pourquoi n'y arriverais-je pas ? Finalement, ayant une curiosité innée pour tout ce qui touche à la parapsychologie et aux phénomènes inexpliqués, je voulais emprunter une voie de guérison hors norme. Après tout, la médecine et la science pouvaient-elles prétendre être les seules à détenir les réponses ?

Ultime année d'école

Le théâtre d'été terminé, je rentrai à Montréal ressourcé et l'esprit plus clair. Quelque chose avait commencé à changer. Ma vie allait prendre un tournant, d'autant plus qu'une nouvelle réalité m'attendait. Ma relation avec Jean était sur le point de s'éteindre. Ce que je vivais devenait trop pesant pour lui. Il fallait passer à autre chose. Après deux ans d'une vie confortable, je pliai bagage pour aller rester en cohabitation avec une jeune comédienne, le temps de finir mes études. Il ne fut pas aisé de me retrouver avec si peu, tout en habitant chez quelqu'un d'autre. Cet échec amoureux et mon instabilité psychologique me rappelaient à quel point me trouver un ancrage était laborieux, comme si je provoquais inconsciemment les nombreux passages chaotiques que je cherchais pourtant à éviter.

Le quotidien avec une étrangère ne fut pas toujours facile. Ma fragilité semblait la déranger. J'essayais par moments de partager avec elle mes réflexions sur l'existence, mais j'avais droit le plus souvent à des réponses expéditives. Selon elle, je me compliquais inutilement la vie en me posant trop de questions. L'atmosphère parfois tendue qui régnait à l'appartement me donnait envie de déménager, mais, n'ayant pas les moyens d'habiter seul, je préférai attendre. Mon attitude devint passive et renfermée, ce qui n'arrangea rien. Alors que j'étais particulièrement vulnérable, je me couchai tôt un soir où ma colocataire avait un rendez-vous amoureux. Arrivée tard dans la nuit avec son compagnon, elle fit jouer de la musique à tue-tête. Ce manque total de respect m'envoyait un message. Elle souhaitait me voir quitter les lieux. Après un an de cohabitation, j'allais emménager dans un autre appartement de ce même édifice avec Marie Charlebois.

J'avais repris mes cours avec détermination. Mes prises de conscience se faisaient graduellement, et même si je n'intégrais pas les choses aussi vite que j'aurais voulu, mon désir d'aller vers la lumière était réel.

On m'offrit de beaux rôles à l'École durant cette troisième et dernière année, et malgré la jalousie inévitable que cela pouvait susciter, je n'avais pas envie de m'en formaliser. Après tout, l'école de théâtre nous préparait à l'école de la vie. Notre classe présenta quatre pièces durant cette dernière année. Parallèlement à mon cheminement psychologique, je réalisai plus que jamais à quel point les rôles que je jouais correspondaient en tout points à mon état d'esprit. Le premier personnage que j'eus à interpréter se faisait assassiner, le second vivait de la violence, le troisième se suicidait et le quatrième mourait décapité. Bonjour l'ambiance.

Il y avait un lien direct entre ma mémoire et mes expériences théâtrales. L'aspect thérapeutique de mon choix de vie professionnelle était évident. Étais-je condamné à traîner l'étiquette d'acteur sombre, miné par ses démons ? Comment faire pour continuer sans m'épuiser ou perdre la tête ? Heureusement, j'avais plusieurs atouts dans mon jeu. Un désir profond de guérir, une importante capacité de travail, une soif d'apprendre et de comprendre, une furieuse ténacité ainsi qu'une très grande endurance physique pour encaisser tous les coups durs et les futurs abus que j'allais commettre. Mais le plus précieux outil dont je disposais était le rire. Malgré les épreuves, j'ai eu la chance et le bonheur de bénéficier de cet allié extraordinaire et miraculeux. Peu importe les moments très pénibles rencontrés sur ma route, le rire m'a toujours accompagné. Je m'apprêtais à quitter l'École et à faire le grand saut dans la vie professionnelle sans mesurer encore à quel point le rire allait me sauver la vie.

CHAPITRE 5
La scène, une véritable aire de jeu

En mai 1986, après trois années passées à l'École nationale de théâtre, ce fut la remise des diplômes et le grand saut dans l'inconnu. Je fis mes auditions générales à Radio-Canada ainsi que celles du Théâtre de Quat'Sous, où producteurs, agents d'artistes et gens du milieu sont invités une fois l'an à découvrir les finissants des différentes écoles. Fébrile et habité par le doute, je me posais sans cesse la question qui tiraille tous les jeunes diplômés : allais-je travailler et me tailler une place dans le milieu artistique ?

Mes scènes d'auditions ne débouchèrent sur rien de concret. Pour tout dire, elles furent un échec. Ma bonne étoile se trouvait ailleurs. De nombreuses offres professionnelles pour jouer au théâtre se présentèrent. Dès ma sortie de l'école, je jouai coup sur coup dans trois productions. Ces pièces donnèrent le ton au type de carrière que j'allais connaître. Depuis bientôt trente ans, j'ai toujours vécu de mon métier, sauf durant deux périodes de quatre mois pendant lesquelles j'ai travaillé soit comme serveur, soit comme guichetier dans un musée.

Le métier d'acteur fut une véritable école qui me fournit les outils nécessaires pour apprendre à exprimer mes émotions, à entrer en relation avec autrui et à cultiver ma capacité d'être présent. Il m'a défini, façonné et encadré. J'ai reçu, grâce à lui, bien des réponses à mes questions. C'est un cadeau de la vie qui m'a permis d'explorer de manière ludique, intensive et privilégiée tous les méandres de la psyché humaine. Si je n'avais pas eu cette chance, je suis convaincu que je serais aujourd'hui un être frustré et amer.

À l'image de mes personnages

Très vite, à mon plus grand bonheur, les metteurs en scène reconnurent mon talent en m'invitant à les accompagner dans leurs aventures artistiques. Je ne pouvais que constater l'adéquation entre les rôles qu'on m'offrait et les tourments que je portais. J'avais maintenant la certitude que l'essence d'un acteur et sa nature d'être humain étaient indissociables, et qu'au final, les aspects intimes de l'interprète se déployaient à travers un personnage.

Arriver à m'approprier ces personnages désaxés constituait tout un défi. Me trouver face à mes démons freinait parfois mes élans. Soit je ne voulais pas voir ce qui cherchait à se manifester, soit j'en étais conscient au point où cela me terrifiait. Si bien que je me retrouvais avec une plus grande somme de travail, tant j'avais besoin de temps pour apprivoiser un rôle, à la manière de quelqu'un qui plonge les orteils, les pieds et les jambes avant de se lancer à l'eau.

J'analysais les textes de manière chirurgicale. C'était hautement compliqué. Me laisser aller instinctivement me semblait trop difficile ou périlleux. La peur de me tromper m'obsédait. Le personnage m'habitait longtemps et me bousculait, comme s'il cognait sans cesse à ma porte pour me dire quelque chose que je ne voulais pas entendre. J'appliquai systématiquement une approche très scolaire et méthodique afin d'apprivoiser le chaos. Toucher trop directement aux émotions et à ce qui se cachait sous le tapis me terrorisait tellement que je tournais en rond, alors qu'il est demandé à un acteur d'agir. Les intentions qu'il prête au personnage se traduisent en mouvements physiques ou émotionnels.

Même si je souhaitais que les choses soient plus simples dans mon esprit, elles ne l'étaient pas. Les contrats professionnels que je devais honorer reflétaient l'image du contrat de vie dans lequel je m'engageais : ils exigeaient que je sorte constamment de ma zone de confort. Je nageais en plein paradoxe, à la fois comblé de travailler autant et ayant souvent l'envie de prendre mes jambes à mon cou pour fuir ces expériences.

Certains rôles me confrontèrent plus fortement à mes limites. À force de dire oui sans réfléchir, je me retrouvai à naviguer dans des univers qui généraient en moi beaucoup d'anxiété. Une rencontre laborieuse avec un personnage, des rapports délicats avec un metteur en scène ou une chimie moins naturelle avec certains acteurs me donnaient facilement l'impression d'être piégé. Par contre, le désir de travailler et de plaire était si fort que j'en venais malgré moi, tel un bernard-l'ermite, à courir d'une coquille à l'autre. Répondre aux attentes artistiques tout en évoluant sans cesse dans un nouveau groupe me déstabilisait et me coupait parfois le plaisir de jouer. Pour arriver à résoudre ce dilemme, j'avais tendance à confondre mon mal de vivre avec la souffrance du personnage, dans une espèce de complaisance masochiste.

Bilico, au cœur de ma propre histoire

En 1986 et 1987, je fus engagé dans deux pièces complexes où je ne trouvai pas d'inspiration. Je résistais, louvoyais et négociais tant bien que mal avec la difficulté, en laissant faussement croire que j'arriverais à m'approprier le rôle. Or, dans les deux cas, je n'y parvins pas.

Dans la première pièce, *Bilico*, je jouais le fils d'un couple italo-québécois aux prises avec une quête d'identité. Cela touchait tellement au cœur de ma propre histoire que je fus incapable de me sentir libre, autant en répétitions que sur scène. À l'instar de ce que je faisais au secondaire, j'en vins à compter les jours qui me séparaient du soir de la dernière. Le personnage que j'interprétais vivait d'ailleurs mal le passage au monde adulte.

Le résultat fut décevant et la critique, sévère à mon égard. Pour me protéger, je quittais bien vite le théâtre et les gens après les représentations. Cette contre-performance me fit honte. À mon grand désarroi, l'auteur et le metteur en scène de la prochaine pièce dans laquelle j'allais jouer décidèrent un soir d'assister à une représentation. Pour rien au monde je n'aurais voulu qu'ils me voient dans ce rôle. Et pour cause, puisqu'il s'agissait de deux monstres sacrés du théâtre québécois : André Brassard et Michel Tremblay.

Le vrai monde ?
ou le théâtre dans le théâtre

André Brassard me téléphona un jour pour m'offrir le rôle de Claude dans la nouvelle création de Michel Tremblay, *Le vrai monde ?* Spontanément, j'acceptai. L'aventure qui commença alors pour moi allait être extrêmement difficile. J'héritais d'un rôle central délicat. Un jeune auteur, Claude, a écrit une pièce sur sa propre famille et tente de mettre au grand jour des vérités dérangeantes. Selon lui, son père, commis voyageur insensible et adultère, aurait posé des gestes incestueux envers sa sœur. Ce rôle est exigeant dans la mesure où il se trouve à faire constamment le pont entre la réalité et la fiction. Qu'est-ce qui est vrai et ne l'est pas ? La dualité, le doute, la culpabilité, l'alternance entre la quête de vérité et les jeux de cache-cache sont au cœur de l'œuvre.

Ce cadeau qu'on me faisait était empoisonné, non pas en raison de mauvaises intentions à mon égard, mais à cause de mon état d'esprit à l'époque. J'étais entouré d'une équipe de comédiens de haut calibre, dont Rita Lafontaine et Gilles Renaud, et d'un metteur en scène au talent immense, mais dont la direction d'acteurs m'a complètement déboussolé. André Brassard décortique une œuvre, la découpe, change le texte à tout moment et discute énormément des enjeux ainsi que de la psychologie des personnages. Impressionné mais démuni, je ne fus jamais en mesure de trouver le moindre ancrage dans l'univers sans cesse mouvant du processus de travail de cette magnifique œuvre de Tremblay.

N'ayant aucune proposition artistique à faire, je fus paralysé pendant des mois. Pour tout dire, je me sentis constamment balloté, à la dérive et isolé. Trop timide, je n'osais partager ma détresse avec un membre de la distribution. À force de déclamer ce texte inquisiteur, qui suscite plus de questions qu'il ne génère de réponses, j'étais en train de me perdre.

Le contexte de cette pièce me ramenait impitoyablement à mon propre regard sur la vie, la vérité, le sens de l'existence, et la toute puissante subjectivité. Mais le plus terrible, c'est que la prise de parole du personnage finissait par engendrer la condamnation unilatérale de toute sa famille. Au dire de tous, Claude aurait mieux fait de se taire plutôt que d'avancer des accusations graves et sans fondement. On le stigmatise pour avoir osé remettre en question un ordre systématique, un modèle et un cadre. Il s'agit littéralement d'une bataille entre la sécurité et la liberté, entre le connu et l'inconnu, entre le silence et la parole. Claude est seul face à la tempête qu'il a provoquée. C'est un paria qui récolte le mépris alors qu'il voulait sauver les autres, leur donner des outils et ouvrir une conscience qu'il juge, à tort ou à raison, absente chez ses proches.

Je n'étais pas prêt pour un tel rôle. La proximité avec ce que je portais au plus profond de moi était trop bouleversante. Cela venait toucher à plusieurs de mes traits fondamentaux: peur de parler, terreur de l'abandon, difficulté à assumer ma sensibilité particulière, désir de protéger autrui, idéalisme exacerbé et fossé infranchissable entre moi et les autres. Tous les aspects de l'œuvre se retrouvaient également dans la dynamique relationnelle que j'avais avec les autres membres de la production. Je mélangeais fiction et réalité au point de vivre dans la pièce ce que je vivais dans mon métier et dans la vie en général. C'était comme faire du théâtre dans le théâtre.

La veille de la première au Centre national des Arts à Ottawa, je vécus une crise d'anxiété si grande que j'envisageai sérieusement de faire mes valises et de me sauver. Des scénarios suicidaires me traversèrent également l'esprit. Après deux mois de répétitions, je n'avais aucune prise sur le rôle. Sans recours, je me sentais totalement à la merci de l'extérieur. Me jeter sous une voiture m'aurait donné l'impression d'avoir davantage le contrôle. À défaut d'avoir le courage de poser un geste si malheureux, je finis par me résigner.

Que ce soit à Ottawa ou plus tard à Montréal, au Théâtre du Rideau Vert, j'allais vivre la mise au monde de cette création de Tremblay comme un passage douloureux. Une fois de plus, les critiques furent dures à mon égard, ou mitigées dans le meilleur des cas. Ce n'est qu'à la reprise de la pièce que je parvins à donner du tonus et de la chair au personnage, au prix d'un énorme travail de mise en perspective.

La ténacité qu'il me restait, je m'en servais pour tenter de comprendre ce chaos qui m'habitait. Je voulais plus que tout dénouer les blocages et trouver l'harmonie. Chose certaine, les propositions professionnelles que j'acceptai à cette époque m'enseignèrent toutes quelque chose. Je faisais face à un exercice constant de décapage. Je me sentais raboté sans merci par la vie qui, aurait-on dit, m'incitait à exposer le bois véritable se dissimulant sous le vernis qui recouvrait mon être depuis tant d'années.

Des rôles à ma mesure

Bien que le théâtre demeurât mon principal gagne-pain, on m'offrit à la fin des années 1980 des contrats en télé et en publicité. La scène restait toutefois un lieu de prédilection me donnant la chance de combiner les aspects ludique et thérapeutique que je recherchais. Après des débuts difficiles, je pus enfin interpréter des rôles qui me permirent de m'éclater et de libérer ma créativité.

Cette fois, les personnages auxquels je prêtais vie étaient mes alliés. Je ne luttais plus contre eux et reconnaissais davantage ce à quoi ils m'exposaient : l'effet miroir de mon propre mal de vivre. Que ce soit dans *L'éveil du printemps, Un simple soldat, Le cri, La déprime* ou *La magnifique aventure de Denis St-Onge,* tous les personnages que j'incarnais étaient marginaux, souffrants, incompris ou dotés d'une vision singulière de l'existence.

Ces rôles en or me permirent d'admettre les blessures que je portais, essentiellement un sentiment d'abandon et d'impuissance. Le fait que les pièces dans lesquelles je jouais s'étalaient sur une longue période me donna amplement le temps d'apprivoiser ma part d'ombre et de m'y abandonner tout en gagnant bien ma vie. En effet, dès ma sortie de l'École en 1986, je jouais souvent des pièces pendant quatre-vingts, cent, voire cent vingt-cinq représentations. Des organismes tels que le défunt Théâtre populaire du Québec organisaient de nombreuses et longues tournées aux quatre coins du Québec, en partenariat avec des théâtres institutionnels comme le Rideau Vert ou la Nouvelle Compagnie théâtrale.

Denise et René, des complices fidèles

Deux artistes bien connus m'ont engagé à maintes reprises depuis mes débuts professionnels : Denise Filiatrault et René Richard Cyr. En alternance, ils ont été fidèles et m'ont donné l'occasion de me réaliser ainsi que d'apprendre avec rigueur. Je leur suis reconnaissant de m'avoir permis d'exercer abondamment mon métier, rapidement, et dans des productions à la fois populaires et de qualité.

Denise Filiatrault est une légende au Québec. C'est une figure extrêmement importante de notre paysage culturel. Depuis ma plus tendre enfance, alors que je la suivais religieusement dans *Moi et l'autre* aux côtés de Dominique

Michel, je souhaitais ardemment la rencontrer et partager son univers. Mes vœux ont été exaucés. Elle m'a dirigé dans pas moins de huit productions théâtrales. Je me suis toujours bien entendu avec elle. Elle appréciait mon talent et me faisait confiance. La première fois que je la rencontrai, c'était dans le cadre d'un exercice à l'École nationale de théâtre, alors qu'elle montait *Les Fridolinades* avec notre classe. C'était parmi ses premières mises en scène, à l'époque où elle quittait peu à peu le métier d'actrice pour se consacrer entièrement à la direction d'acteurs et à la réalisation.

Au moment de la distribution des rôles, j'eus un choc. Denise m'avait vu dans un exercice public précédent, *Lucrèce Borgia* de Victor Hugo. J'y jouais Gennaro, jeune capitaine amoureux de Lucrèce, femme de pouvoir, qui est en fait sa mère. Il est le fruit d'une union incestueuse entre Lucrèce et son frère. Bref, on nage ici en plein romantisme. Croyant que je n'étais apte qu'à jouer les rôles dramatiques, d'autant plus que j'avais une gueule de jeune premier, Denise Filiatrault me proposa, pour *Les Fridolinades*, quelques personnages secondaires sans matière comique. Je me revois dans notre salle de classe à l'École nationale lorsque, la distribution annoncée, Denise nous demanda si nous étions heureux avec ses choix.

Bien que choyé jusque-là par les personnages qu'on m'offrait à l'École, j'eus l'audace d'affirmer que je me sentais frustré du peu de chair que j'avais à me mettre sous la dent. Un malaise flotta dans la classe. Surprise tout autant que moi par la liberté dont je faisais preuve, Denise corrigea le tir et m'attribua quelques rôles franchement comiques. Cette première expérience avec elle allait donner des suites, et je dois dire que j'ai énormément appris à son contact. S'il est vrai que Denise n'est pas une personne particulièrement patiente, elle a néanmoins la qualité de dire les choses directement. Ce mélange de feu, d'humour, de passion se mêle à une soif d'absolu, de magie et d'intensité.

J'aime beaucoup cette femme, mais j'avoue qu'elle me faisait très peur à l'époque. Ne voulant pas la décevoir, je bûchais pour arriver à m'approprier le rythme et la précision qu'elle exigeait. N'oublions pas que Denise a connu une carrière et une vie peu communes. Elle en a vu d'autres et ne tolère ni la paresse, ni les retards, ni l'imprécision. Même si j'étais toujours aussi impressionnable et fragile, je fus en mesure de naviguer au final avec suffisamment de plaisir pour accepter de travailler à nouveau avec elle.

Au début des années 1990, alors qu'elle montait *Les palmes de monsieur Schutz*, formidable pièce française traitant du couple Pierre et Marie Curie, ainsi que de la découverte du radium par cette dernière, j'eus la chance d'accompagner Denise à Paris pour rencontrer l'auteur de la pièce, Jean-Noël Fenwick. Une semaine mémorable qui allait se poursuivre jusqu'à Londres. Était également du voyage le producteur François Flamand, un personnage aussi coloré et passionné que Denise, et qui m'avait engagé pour jouer dans *Les palmes de monsieur Schutz*.

Une journée, nous fûmes invités à dîner tous les trois par Jean-Noël Fenwick. Avant d'aller au restaurant, celui-ci nous reçut chez lui pour l'apéro. Lorsque je sonnai à la porte de son immeuble, une voix féminine me répondit à l'interphone. Ce n'est qu'en entrant que je découvris avec ravissement qui m'avait ouvert la porte : Anémone en personne, actrice que j'adore et figure emblématique du cinéma français.

Pendant tout le repas, je me sentis privilégié d'être assis à la même table qu'elle, d'autant plus qu'elle m'avait récemment marquée dans un film que j'ai vu pas moins de quinze fois, *Le grand chemin*. Réalisé par Jean-Loup Hubert, ce film raconte l'histoire de Louis, un petit Parisien qui, dans les années 1950, passe ses vacances d'été à la campagne chez un couple d'amis de sa mère. Il se retrouve rapidement au cœur d'un drame. Ce couple, incarné par Anémone et Richard Bohringer, a perdu un enfant qui aurait le même âge que Louis. Une dynamique malsaine s'installe alors que les hôtes se déchirent en cherchant à s'approprier l'attention et l'affection de cet enfant qu'ils finissent par confondre avec celui qu'ils ont perdu.

Cette histoire m'a bouleversé. Tous les éléments de l'œuvre touchent des aspects organiques et symboliques de ma propre famille : un enfant décédé en bas âge, des chicanes ou des tensions occasionnelles, l'idéalisme et l'hypersensibilité du petit Louis, auquel je me suis totalement identifié. Il se retrouve malgré lui au centre d'un nœud relationnel entre des adultes. Sa présence finira par alléger une atmosphère jusque-là lourde, sombre et bloquée. Jamais un autre film n'a eu autant d'effet sur moi. C'est la désarmante et profonde vérité de l'histoire qui m'a tant remué. Dans mon for intérieur, j'ai d'ailleurs toujours souhaité, face aux conflits et aux problèmes, que l'humanité privilégie des solutions plus harmonieuses et lumineuses. Cette quête ascendante m'a toujours habité. Arriver à transformer une situation toxique en quelque chose de dynamique et porteur est pour moi prioritaire, même si je suis bien conscient qu'il n'est souvent pas aussi simple d'apporter un changement.

Après le repas, je pris un taxi en compagnie d'Anémone et la déposai en chemin, ravi d'avoir pu passer un moment aussi délicieux avec elle. Ce voyage en Europe avec Denise Filiatrault et François Flamand se poursuivit à Londres, où je pus assister avec bonheur à quelques pièces et comédies musicales.

Montée par Denise Filiatrault dans le cadre du Festival Juste pour rire, *Les palmes de monsieur Schutz* fut un énorme succès. Je partageais les planches avec Sylvie Drapeau, Henri Chassé, Germain Houde, Jean-Louis Roux et Danièle Lorain. Il me fallut un certain temps pour m'approprier le personnage de Gustave Bémont, épicurien, rebelle et coureur de jupons. Mais une fois ancré, ce rôle me donna des ailes. C'était extrêmement réjouissant de pouvoir s'éclater et de se sentir aussi léger sur scène.

Au cours des différentes productions pour lesquelles je travaillai avec Denise, j'eus l'occasion de me déployer dans des rôles de démesure et colorés. Le plaisir de jouer dans des pièces à grande distribution et devant des salles combles et comblées me fit un bien immense. La chimie opérait avec mes collègues de travail : Marc Béland, Bernard Fortin, Pierrette Robitaille, Denis Bouchard, Suzanne Champagne, Rémy Girard et Benoît Brière. À leur contact, je réalisai que la plupart du temps, les gens d'expérience me faisaient davantage confiance que moi-même. Au fil des répétitions, en regardant les autres travailler, je voyais à quel point ces acteurs se fiaient à leur instinct dans l'approche d'un rôle, s'abandonnant ainsi plus rapidement au plaisir du jeu.

Incapable d'envisager cette possibilité, je m'obstinais dans mon besoin de tout décortiquer, par désir de contrôle et peur du faux pas. Cette tendance à analyser plus qu'il ne fallait, dans mon désir d'explorer toutes les dimensions d'une œuvre, avait pour effet de me ralentir inutilement, d'autant plus que le calendrier de production était relativement court. Dans le cas de comédies populaires, ce type de travail n'était pas essentiel, mais je persistais à le faire.

René Richard Cyr est l'autre metteur en scène qui fit appel à moi pour de nombreuses pièces. Au départ, il me confia des rôles plus dramatiques. Dans *L'éveil du printemps*, du dramaturge romantique allemand Frank Wedekind, je jouais Moritz. Ce jeune homme vit avec difficulté sa sexualité naissante, tellement qu'il finit par se donner la mort. René Richard avait monté cette pièce avec notre classe à l'École, et la reprit au Théâtre de Quat'Sous. Sylvie Drapeau, Anne Dorval, David La Haye et Isabelle Vincent étaient de la distribution.

Ce fut une expérience éprouvante mais salutaire, comme si je vivais sur le tard le passage de l'enfance au monde adulte. À force de jouer ce drame qui reflétait mon propre conflit intérieur, j'étais appelé à guérir un blocage fondamental. Le théâtre est un rituel, une messe sombre ou lumineuse, mais demeure dans tous les cas un moment sacré. *L'éveil du printemps* fut une aventure très précieuse dans mon parcours de vie artistique. J'en conserve des souvenirs merveilleux, exception faite du soir de la première médiatique.

Ce soir-là, la pièce était commencée depuis un certain temps. Au moment où j'entamai un long monologue, le noir se fit brusquement sur scène. Après quelques instants, René Richard Cyr interrompit la représentation pour permettre aux gens de la technique de régler le problème. Cet entracte forcé déstabilisa la production. La pause s'éternisa au point où la question du report de la représentation se posa. Finalement, nous pûmes reprendre le spectacle, bien que la magie de la soirée se fût envolée. La cause de l'incident était frustrante. Un technicien d'Hydro-Québec, effectuant des travaux dans un poteau voisin du théâtre, avait fait une mauvaise manœuvre.

René Richard Cyr m'engagea pour plusieurs autres projets, dont *Un simple soldat*, de Marcel Dubé. Entouré notamment de Jean Lajeunesse, Louise Latraverse et Gildor Roy, je jouais Armand, fils « parfait » et mal-aimé qui jalouse l'attention que porte le père à l'endroit du mouton noir de la famille, Joseph, ce simple soldat qui ne s'est jamais battu et attire pourtant la sympathie. Vendeur d'assurances menant une vie rangée, Armand ne comprend pas que son frère soit traité avec une telle indulgence alors qu'il mène une vie chaotique.

Ce regard impitoyable que portait le personnage que j'incarnais, je l'avais également. Armand vivait une frustration qui trouvait une résonance en moi. Cette œuvre de Marcel Dubé ramène directement à des questions fondamentales sur les rapports familiaux, le devoir par opposition à l'authenticité, les conflits de générations ainsi que le sens de la responsabilité et de l'engagement. J'ai adoré vivre cette expérience théâtrale qui fut un réel bonheur et un exutoire formidable. Une longue tournée suivit les représentations à Montréal. C'est dans ce contexte que je dus faire face une fois de plus à une peur extrême, celle de l'avion.

Cauchemar dans le ciel

Avant 1983, j'avais pris l'avion à quelques reprises. Chaque fois, j'éprouvai beaucoup plus de plaisir que d'inquiétude. En 1988, cinq ans après la première crise, je n'avais toujours pas remis les pieds dans un avion. J'appréhendais désormais avec terreur le moment où je devrais revivre cette situation. Cette année-là, je repris pour la première fois le chemin des airs avec une amie russe, Assia de Vreeze, bibliothécaire à l'École nationale de théâtre, lors d'un voyage au Venezuela. Ce voyage fut particulièrement traumatisant.

Assia, qui n'avait pas la phobie des airs, m'invita donc à l'accompagner en vacances. Je finis par accepter son offre, non sans savoir que je devrais affronter une très grosse épreuve. La tentation de décliner l'invitation était grande, mais je savais que tôt ou tard, je serais inévitablement confronté à dépasser mes limites. Je me retrouvai ainsi avec mon amie à Mirabel, en partance pour l'Amérique du Sud. J'avais l'impression de commettre une folie, et je craignais par-dessus tout de perdre la tête durant le vol. Sans compter que je me mettais une pression supplémentaire du fait qu'Assia avait des problèmes cardiaques, et que j'aurais à l'assister en cas de malaise. Le contexte était on ne peut plus explosif.

Dans la navette qui nous menait de l'aérogare à l'avion, je dus rester debout. Je me sentis rapidement désespéré, comme si j'étais dans un wagon de bestiaux en route pour l'abattoir. Lorsque nous entrâmes dans l'avion, je savais qu'il n'était plus possible de faire marche arrière. Un vent de panique m'envahit. Rivé à mon siège, au bord de l'allée, la mort dans l'âme et le regard affolé, je répétais sans cesse à Assia combien je regrettais d'avoir accepté ce voyage. Elle se montra d'un calme exemplaire, m'assurant sans le moindre doute que j'allais arriver sain et sauf à destination.

L'avion se mit en branle pour rejoindre la piste d'envol. Ce trajet sur terre me sembla à la fois rassurant et interminable. De puissantes vagues d'agitation mentale me secouaient, et je craignais à chaque instant de perdre le peu de maîtrise qu'il me restait. Voyant venir l'inévitable épreuve, j'en venais presque à souhaiter subir un arrêt cardiaque pour qu'on me sorte d'urgence de l'appareil. Rien de tel ne se produisit et l'avion se mit en position pour le décollage. Lorsque les moteurs déployèrent leur pleine puissance et que l'engin amorça sa foudroyante accélération, je devins mou, lourd et inondé de sueur. J'agrippai la main d'Assia, convaincu que je ne sortirais jamais indemne d'une telle expérience. J'étais déjà épuisé alors que nous quittions le sol, n'ayant pas fermé l'œil la nuit précédente, tourmenté d'avance par ce moment où je n'aurais plus aucune prise. C'était le début d'un cauchemar qui allait durer quatre longues heures.

Je ne pus ni manger, ni dormir, ni me lever. Cloué à mon siège, je vivais un film d'horreur. Une série de fortes turbulences secouèrent les dernières certitudes qui me restaient quant à mes chances de survie. C'était à ce point pénible que j'eus l'impression de me dissocier de la réalité. Je cherchai refuge dans une autre dimension, étranger à moi-même et à mon environnement. J'en étais réduit à me redire continuellement que c'était la dernière fois que je prenais l'avion, maudissant le fait qu'il me faudrait bien le reprendre au retour.

Nous arrivâmes enfin au Venezuela. L'atterrissage fut une bénédiction ! Si bien des gens appréhendent en général le départ et l'arrivée, je trouvais pour ma part plus terrifiante et insupportable l'idée d'être enfermé dans une boîte de métal à trente mille pieds dans les airs. En descendant l'escalier extérieur donnant sur le tarmac, j'avais envie de m'agenouiller pour embrasser le sol. La chaleur moite me fit plutôt suffoquer. Il me restait tout de même suffisamment d'esprit pour goûter la joie d'avoir survécu à l'épreuve.

J'ai aimé ce pays, mais je fus choqué par certaines situations, en particulier le mépris à l'égard des plus démunis. Un jour, un guide qui nous faisait visiter Puerto La Cruz nous fit regarder, du haut d'un belvédère, la ville qui s'étalait devant nous. On y voyait des tours luxueuses côtoyer de pauvres petites maisons. « Ne trouvez-vous pas cela épouvantable ? » nous lança-t-il. Croyant qu'il faisait référence aux injustices, Assia et moi acquiesçâmes. Il poursuivit en disant : « N'est-ce pas épouvantable pour les propriétaires de ces condos tout neufs d'avoir une vue sur ces misérables cabanes ? » J'étais sans voix.

Par contre, je fus enchanté de la joie de vivre de ce peuple qui, malgré la pauvreté, m'apparut si souriant. C'est avec étonnement que j'assistai au passage d'un cortège funèbre, où toutes les personnes accompagnaient le cercueil en chantant et en dansant, portant sur leurs épaules des paniers de fruits et de fleurs. Cette image bouleversante me fit réfléchir. Je venais de vivre un passage éprouvant en avion, et là, je voyais des gens, à des milliers de kilomètres de chez moi, composer harmonieusement avec la mort en célébrant de manière organique et lumineuse tous les éléments de la vie. J'aurais voulu me joindre à cette fête qui mettait en évidence le clivage avec notre société occidentale névrosée, où la mort est taboue et occultée.

Au terme de ce beau voyage, il fallut bien sûr que je reprenne l'avion pour revenir au Québec. Une fois de plus, le trajet fut pénible, mais uniquement dans la première portion. Il se produisit quelque chose de quasi miraculeux après deux heures de vol. Alors que j'étais frappé par une crise d'anxiété majeure, prêt à mourir, je lâchai prise. En un instant, une grande paix m'envahit. Une détente et un calme inespérés se répandirent dans tout mon corps et mon esprit. J'avais cessé de lutter, je devenais totalement présent à la situation, et je ne cherchais plus à contrôler quoi que ce soit. Je disais oui à la vie qui me prenait entièrement dans ses bras.

Le souvenir de cet événement marquant m'aiderait par la suite à reprendre l'avion. Même si j'allais une fois de plus me trouver confronté à des crises en plein vol, je savais désormais qu'il était possible de lâcher prise. Cette victoire était importante. Les nombreuses tournées que je ferais partout au Québec, où l'avion était souvent l'unique moyen d'alléger les conflits d'horaire, allaient me donner l'occasion de mettre en pratique ce que j'avais appris à la dure.

Combattre le feu par le feu

À la suite de cette première victoire, j'eus de nouveau à affronter ma terreur des airs. À l'automne 1988, il y eut une tournée provinciale de la pièce *Le vrai monde ?* Je dus prendre l'avion avec toute la troupe. Pour jouer à Sept-Îles le soir même, nous partîmes de Dorval en fin de matinée. Ce vol me plongea une fois de plus dans une crise d'anxiété, malgré tous les efforts que mes collègues déployèrent pour me rassurer. Raymond Legault me massait les épaules pendant que Rita Lafontaine me faisait la conversation. Je n'arrivais pas à me détendre. Contrairement à l'avion que j'avais pris pour le Venezuela, l'appareil était cette fois beaucoup plus petit. La turbulence et le bruit s'en trouvaient donc amplifiés.

Je dus me résoudre à revenir en camion le surlendemain avec l'équipe technique. Douze heures de route au lieu de deux, tel était le prix à payer pour me sentir en sécurité. Une bien mince consolation qui ne contribuait nullement à régler le problème. Il me fallait vaincre cette maladie de l'esprit. Le meilleur vaccin consistait, semble-t-il, à combattre le feu par le feu. Je devais reprendre l'avion et affronter la bête. Déterminé à y parvenir, je demandai à la vie de me fournir les conditions optimales pour une sérieuse confrontation. J'allais être servi.

À l'automne 1989, j'étais en tournée avec *Un simple soldat*, pièce que René Richard Cyr avait montée au Théâtre Denise-Pelletier. Cette période de ma vie était fort occupée. Outre le théâtre, j'avais plusieurs jours de tournage pour le téléroman *Le grand remous*. La difficulté de combiner mes multiples horaires m'obligea à composer avec certaines contraintes. Je n'avais d'autre choix que de prendre l'avion à plusieurs reprises. Le mois d'octobre fut particulièrement chargé et éprouvant. La tournée se faisait alors du côté du Saguenay et de la Côte-Nord, tandis que des tournages avaient lieu à Montréal. Après avoir joué un soir à Chicoutimi, je dus me lever très tôt le lendemain pour prendre un vol Bagotville-Montréal. Je n'avais pas remis les pieds dans un avion depuis la tournée du *Vrai monde?* Je redoutais d'autant plus l'expérience que cette fois, j'allais être seul.

L'appareil était minuscule et pouvait transporter huit ou dix passagers. Mon bagage fut glissé par le pilote lui-même sous la partie avant, tandis que je me faufilai dans la carlingue en me courbant pour gagner mon siège. Seuls quelques passagers voyageaient avec moi, des gens d'affaires pour la plupart. Le jour se levait à peine. Encore engourdi par un sommeil agité, je trouvai le décollage brutal. Catapulté dans le ciel en quelques minutes, je perdis bien vite courage. Je ne voyais pas comment j'allais survivre à une heure et demie de vol.

Je cherchais vainement quelque chose de concret sur quoi fixer mon attention pour ne pas perdre la tête. Le seul truc que je finis par trouver fut de relire sans arrêt les consignes de sécurité sur le petit carton plastifié. Je passai toute la durée du vol les yeux rivés sur ce carton, incapable de le lâcher du regard. Ce que je ressentais était si fort, j'avais si peur de moi que je craignais à tout moment de péter les plombs et de me jeter sur la porte de l'avion pour tenter de l'ouvrir.

Moins de deux heures plus tard, je touchais terre. Complètement épuisé, je me rendis directement à Radio-Canada. J'allais commencer à répéter mes scènes lorsque la réalisatrice me lança, sans une once de délicatesse : « Mon Dieu que t'as l'air désespéré ! » Je l'étais, effectivement. Trop fragile et démuni pour répliquer quoi que ce soit, j'encaissai le coup sans broncher, mais avec l'envie soudaine de me lancer du haut du pont Jacques-Cartier, tout proche.

Le lendemain fut une journée de tournage chargée et peu agréable. Elle se révéla d'autant plus stressante qu'il me fallait partir tôt pour prendre le jour même une série de vols en direction de Havre-Saint-Pierre. Il n'y avait pas de marge de manœuvre. Je me souviendrai toute ma vie de cette date qui allait marquer un tournant dans mon processus de guérison : le 31 octobre 1989, jour de l'Halloween.

Sitôt la dernière scène terminée, je filai en vitesse à Dorval rejoindre un technicien qui travaillait également sur

Un simple soldat. Le trajet fut le suivant : Montréal-Québec, Québec–Sept-Îles, et finalement, Sept-Îles–Havre-Saint-Pierre. Pour ce dernier vol, il fallut prendre un autre appareil, un minuscule quatre places. Pour accéder à nos sièges, nous devions monter sur l'une des ailes. L'espace était extrêmement restreint. Je demandai silencieusement à la vie de me donner la force nécessaire pour conclure cette interminable journée. Le décollage se passa sans anicroche, mais peu de temps après, à travers le bruit assourdissant des moteurs, mon collègue demanda au pilote : « Est-ce que c'est les îles ? », faisant bien sûr référence aux sept îles. Dans mon extrême fragilité, j'entendis plutôt : « Est-ce que c'est les ailes ? », croyant à tort qu'il venait de les voir se détacher de l'appareil. Cet absurde malentendu me fit rire et me détendit pour le restant du vol.

Nous arrivâmes comme prévu à Havre-Saint-Pierre, où je jouai le soir même *Un simple soldat*. Après avoir tourné, volé et joué, j'avais finalement réussi l'impossible à mes yeux. Épuisé mais fier, je savais que je venais de franchir une étape déterminante. J'étais en quelque sorte vacciné contre la peur de l'avion. Les voyages subséquents se déroulèrent de mieux en mieux. Au fil du temps, j'ai fini par composer plutôt bien avec les voyages aériens, même si parfois la turbulence me rendait plus vulnérable. Depuis cette journée mémorable, j'ai pris l'avion maintes et maintes fois sur de courts comme de longs trajets. Cette victoire sur la peur m'a donné l'occasion de voyager par affaires et pour le plaisir aussi loin qu'en Chine. Des années plus tard, j'allais rencontrer l'homme de ma vie. Par un curieux hasard, il travaille depuis plus de 25 ans comme agent de bord à Air Canada.

Des rôles en or

Ma collaboration avec René Richard Cyr dura de longues années. C'est sous sa direction que j'eus l'occasion de jouer une pièce le plus longtemps. Avec près de deux cents représentations, *La magnifique aventure de Denis St-Onge* a été pour moi une expérience professionnelle marquante. Elle fut présentée de 1988 à 1991 à Montréal et en tournée provinciale, essentiellement devant le public étudiant. J'y jouais le rôle-titre, aux côtés d'Anne Dorval. La question que posait cette création était fondamentale : « Si vous disposiez du pouvoir de changer le monde, qu'en feriez-vous ? »

Denis St-Onge se voit confier l'écriture d'une pièce de fin d'année, tâche qu'il ne parvient pas à accomplir. Peu à peu, il découvre que la machine à écrire sur laquelle il travaille a des pouvoirs surnaturels. Peu importe ce qu'il tape sur la feuille blanche, son idée prend vie et se manifeste concrètement. Obnubilé par l'étendue des forces dont il dispose, il finit par en abuser, jusqu'à provoquer la destruction du monde.

En jouant cette pièce et ce rôle, je m'interrogeais sur le pouvoir de la pensée. Les mots ont des effets sur les autres. Nous savons tous qu'une parole peut blesser et causer du tort. Les idées et les pensées, bien qu'invisibles, sont néanmoins réelles. Elles peuvent favoriser la création ou au contraire devenir limitatives. Une pensée compulsive se traduit bien souvent en trouble obsessionnel compulsif. Bref, comment gère-t-on ses pensées ? Que faisons-nous de toutes ces idées qui nous habitent ? Ces questions m'interpellaient. J'avais d'ailleurs commencé à lire des articles et des ouvrages à caractère psychologique, philosophique et spirituel dont le thème central était la maîtrise de ses pensées.

La magnifique aventure de Denis St-Onge traitait avec humour du pouvoir créateur de la pensée et des dérapages inhérents au contrôle accru qu'exerce quelqu'un sur son entourage. À défaut de ne plus se servir de son esprit pour créer, Denis St-Onge se transforme en tyran qui cherche à tout contrôler. L'attrait pour des solutions expéditives finit par engendrer un comportement malsain et destructeur qui va à l'encontre du contrat initial du personnage. J'eus beaucoup de plaisir à me transformer ainsi en tyran et à rendre théâtrales les prétentions démesurées et ridicules d'un ego enflé.

Avec René Richard, j'eus l'occasion de participer à deux autres pièces dont les thèmes centraux me touchaient aussi. La première de ces pièces fut *Rhinocéros* d'Eugène Ionesco, maître de l'absurde. On y présente une société qui se transforme peu à peu en un monde brutal où tous les individus deviennent des bêtes à cornes. J'incarnais un logicien qui tentait d'expliquer ce phénomène au fil d'un monologue se déclinant comme une longue équation totalement disjonctée. Là encore, après avoir longuement pataugé en répétitions, j'ai finalement pu me servir de mon côté rationnel qui cherche compulsivement le sens des choses pour m'amuser à créer un personnage surréaliste.

L'autre pièce fut *Le misanthrope* de Molière. Le personnage central, Alceste, qu'interprétait Luc Picard, se méfie de l'humanité et fait le procès de ses semblables, qu'il juge tous faux et hypocrites. Je formais un duo irrésistible avec Guy Jodoin. Nous étions les marquis, personnages mesquins sous l'emprise de leur ego, qui carburent aux intrigues de cour et se font une joie de médire sur tout un chacun. Nos costumes et nos maquillages nous donnaient des airs d'oiseaux de proie.

C'était extrêmement jouissif à jouer, puisque nous mordions avec plaisir dans l'avidité et la mauvaise foi de nos personnages. J'ai vécu là des moments de grâce, ponctués d'anecdotes savoureuses.

Des fous rires en rafale

J'ai eu de nombreux fous rires au théâtre. Certains furent mémorables. Ce n'était souvent pas tant à cause de la pièce, mais plutôt des partenaires de jeu avec qui je partageais la scène. La complicité que nous avions pouvait devenir extrêmement dangereuse pour la concentration. Dans le cas du *Misanthrope*, il arriva un soir avec Guy Jodoin et Han Masson un moment particulièrement délicat. Mon personnage lisait une lettre compromettante vers la fin de la pièce. C'était un passage où le marquis que je jouais faisait à haute voix le procès de Célimène, accusée de duper tous les nobles de la cour. À deux reprises, pendant la lecture de la lettre, je butai sur les mots.

Ayant terminé ma tirade, je me tournai lentement vers mes deux acolytes dont les yeux ruisselaient de larmes, déstabilisés par mes bafouillages, et sur le point de rire à gorge déployée. Il était aussi impensable de s'esclaffer dans les circonstances que lors d'un enterrement. De plus, Guy Jodoin devait lire une autre lettre plus virulente immédiatement après moi. Rouge comme une tomate, il enfila son texte à une vitesse incroyable. Puis il sortit au pas de course et j'eus de la peine à le suivre. Sitôt en coulisses, il me lança: «Je sais pas comment j'ai fait! Je sais pas comment j'ai fait! J'ai failli mourir!»

Toujours avec Guy Jodoin dans *Le misanthrope*, mais le soir de la première médiatique cette fois, il se passa un événement inoubliable. En effet, la représentation de ce soir-là avait été filmée pour les archives. Juste avant notre entrée, Guy, qui récitait sans cesse son texte tant il avait peur du trou de mémoire, me demanda en panique le début de sa première réplique. Je lui rappelai son texte et nous entrâmes. Dès qu'il fut devant Marie-France Marcotte, la Célimène de la pièce, il eut un tel trou de mémoire qu'il en vint à dire n'importe quoi, sur le même ton et au même rythme que la réplique effective. Les acteurs se raidirent tous, les yeux comme ceux d'un chevreuil ébloui par des phares. Lorsque nos personnages allèrent s'asseoir, je lui glissai à l'oreille que j'étais là et que tout irait bien pour la suite. Ce qui fut le cas.

Étant de nature ricaneuse, j'ai vécu de prodigieux décrochages sur scène, au théâtre d'été tout particulièrement. Certains acteurs et actrices me rendent extrêmement fragile, tant leur regard vif ne laisse passer aucune bévue chez leurs collègues. Luc Guérin, Martin Drainville et David Savard sont de très dangereux partenaires sur scène. Dans le sens ludique du terme, évidemment ! Avec eux, il suffit d'un rien et c'est la catastrophe. Idem avec Les Éternels pigistes, la compagnie avec laquelle j'ai joué pendant dix-sept ans. Isabelle Vincent, Christian Bégin, Marie Charlebois, Pier Paquette et moi avons eu des fous rires collectifs incroyables. Certaines scènes que nous jouions nous faisaient hurler à un tel point que jusqu'à la première, il était impossible d'enchaîner une seule fois sans s'esclaffer.

Louise Latraverse et Diane Lavallée sont également des actrices qui peuvent aisément fragiliser ma concentration. Diane et moi nous sommes retrouvés un jour dans une situation impossible. Nous devions présenter un extrait de théâtre d'été à une équipe télé de Radio-Canada qui s'était déplacée expressément pour l'occasion. L'équipe est finalement repartie sans extrait, puisque Diane et moi étions pris d'un fou rire incontrôlable chaque fois que le réalisateur lançait : « Action ! » Nous étions tout bonnement incapables d'arrêter de rire, comme piégés dans une spirale infernale.

S'il est des pièces qui peuvent s'accommoder de quelques petites entorses à la concentration, d'autres au contraire ne tolèrent aucun écart. J'ai vécu une situation extrêmement difficile alors que je jouais avec Gilles Renaud dans *Le vrai monde ?* Dans une scène particulièrement dramatique entre Claude (le fils que je jouais) et son père, Gilles devait me répondre : « Pas du tout, Claude, tu te trompes sur toute la ligne. » Au lieu de cela, et alors que j'étais à deux pouces de son visage, il me répondit : « Pas du clou, Taude, tu te trompes sur toute la ligne. » Je me mordis la joue au sang en traversant la scène de jardin à cour, et fus incapable de montrer mon visage au public pendant de longues minutes.

Toujours dans *Le vrai monde ?*, il se passa un événement cocasse le soir de la première au Rideau Vert. Dans la scène finale de confrontation avec le père, alors que je lançais un manuscrit avec force dans les airs, un effet spécial avait été imaginé par le metteur en scène André Brassard. Des centaines de feuilles tombaient du plafond peu avant le dernier monologue du fils, qui accusait son père d'avoir menti à la famille et de n'avoir pas su aimer. Au moment où les feuilles cessèrent de tomber, quelques instants avant que j'ouvre la bouche, le public se mit à rire. Je ne comprenais pas pourquoi jusqu'à ce qu'une page blanche, jusque-là posée sur ma tête, volette nonchalamment jusqu'au sol.

La palme d'or de l'actrice avec qui il semble inconcevable de jouer sans que mutuellement un fou rire monumental se déclenche revient sans conteste à Pascale Desrochers. J'ai joué dans trois productions aux côtés d'elle sans que nous ayons jamais la moindre scène ensemble. Pourtant, nous trouvions le tour de nous donner des fous rires à distance. Le simple fait de penser que l'autre était en coulisses était suffisant pour nous déconcentrer complètement. Pascale et moi nous sommes déjà amusés à imaginer la catastrophe si nous devions jouer tous les deux dans une tragédie de Racine. Ce serait carrément impossible.

Coup de cœur

LE SILENCE

Rares sont les gens qui goûtent le silence autant que les acteurs! Tous ces bruits de bonbons qu'on déballe, de téléphones qui vibrent, de commentaires inopportuns et parfois même de ronflements intempestifs nous enseignent soir après soir les vertus de la patience et de la tolérance. Mais quel plaisir ce serait parfois d'interrompre une réplique le temps de lancer un retentissant «chuuuuut» au parterre!

Le silence est un trésor qu'on rencontre peu aujourd'hui. Quand on le trouve, il faut l'apprécier et le partager si possible. Il est malheureusement trop souvent enterré. Le silence fait peur alors qu'on peut y découvrir des richesses qu'on ne soupçonnait pas. Si on sait lui donner de l'espace, l'écouter même s'il semble n'avoir rien à nous dire, être totalement présent à lui alors qu'on a plutôt l'impression de faire face à l'absence et au vide, eh bien, c'est là qu'on risque d'entreprendre un voyage, une aventure sans repères qu'on prendra de plus en plus plaisir à renouveler.

Le silence est comme une page blanche. Dans ce rien apparent, il y a un inconnu qui me séduit, qui m'enchante et qui m'appelle souvent. Entre chaque son, chaque mot, chaque parole et à travers tous les bruits, il est là, omniprésent, toujours disponible, alors qu'on s'obstine si souvent à lui tourner le dos, à le bouder, et surtout, à le briser. Dans ce chaos systématique et institutionnalisé que notre monde a érigé pour se protéger de démons qui sont devenus eux aussi systématiques et institutionnalisés, il serait peut-être temps de lui ouvrir la porte pour simplement l'accueillir. Il y a différentes sortes de silence. Celui dont je parle et que j'aspire à connaître est celui du cœur.

Les Éternels pigistes

Les Éternels pigistes est une compagnie de création qu'Isabelle Vincent, Marie Charlebois, Christian Bégin, Pier Paquette et moi avons fondée en 1996. Ensemble, nous avons créé six pièces, une série télé et une émission de fiction portant sur le théâtre. Nous avons joué des centaines de représentations de ces œuvres à Montréal et en tournée au Québec, en Ontario et jusqu'à Vancouver.

Cette équipe était littéralement une famille. Nous avions tous des tempéraments forts, rieurs, mais aussi des ego susceptibles qui composaient parfois difficilement avec la critique. C'est souvent la marque d'une vulnérabilité ou d'une crainte de ne pas être aimé. Ces années de collaboration et de création furent marquées par des moments de grâce et par des périodes difficiles. La très grande complicité à l'intérieur de la troupe alternait avec des tensions et des remises en question. Il y a quelques années, j'ai commencé à sentir que je n'étais plus à l'aise dans la dynamique du groupe. Quelque chose me semblait cristallisé et j'avais de moins en moins espoir que tout se transforme comme je l'aurais souhaité. Il ne me restait qu'une option : quitter la compagnie et poursuivre mon parcours ailleurs.

Ce choix, que je fis en 2012, ne fut pas facile à faire. Il me fallut plusieurs mois avant d'exprimer clairement mes intentions. La peur de l'inconnu et des conséquences de ma décision fut cependant de très courte durée. Une fois la décision prise, je ne la regrettai pas. Une page importante de ma vie s'est alors tournée. Je garderai pour toujours des souvenirs précieux de cette période très intense. J'ai beaucoup appris, et lorsque je regarde le chemin parcouru entre 1996 et mon départ, je constate à quel point je suis infiniment plus en paix et confiant en l'avenir. Je remercie Les Éternels pigistes pour tous ces moments inoubliables à jamais gravés dans mon cœur et ma mémoire. Ce fut une école de vie fort utile, qui m'a façonné et donné la capacité de voler de mes propres ailes.

Jouer pour guérir

Le théâtre est un art de l'instant et une formidable profession. Sur scène, j'ai souvent l'impression d'être sur un navire en perpétuel mouvement où je cultive l'art de la maîtrise. C'est un domaine qui exige un savant dosage de rigueur et de souplesse. L'équilibre, le souffle et la présence en sont les assises fondamentales. Bien intégrées, elles permettent de célébrer la beauté, le mystère et la puissance de la vie.

Cela fera trente ans en 2016 que j'ai terminé mon cours à l'École nationale de théâtre. Au moment où j'écris ces lignes, j'ai déjà joué dans plus de soixante productions théâtrales. Si ma santé le permet, je suis convaincu que des dizaines d'autres s'y ajouteront dans les décennies à venir. La passion que j'éprouve pour mon métier est non seulement intacte, mais elle continue de grandir. Depuis 1986, j'ai travaillé avec de nombreux metteurs en scène, hommes et femmes, et la majeure partie du temps dans des œuvres de création. J'ai très peu joué dans des pièces du théâtre classique, mis à part Molière et Racine; j'aurais également aimé interpréter Tchekhov, Shakespeare, Marivaux ou Goldoni. Ma carrière a pris un autre chemin. Pourtant, je ne sens ni regret ni amertume. Qui sait? J'incarnerai peut-être à l'avenir quelques-uns des merveilleux rôles du théâtre de répertoire.

Je dresse aujourd'hui un bilan plutôt réjouissant de ma feuille de route au théâtre. Les pièces dans lesquelles j'ai joué et les personnages que j'ai endossés m'ont permis de grandir et ont contribué à forger ma vision du monde. Chaque expérience m'a révélé quelque chose sur une peur qui m'habitait, une résistance que j'avais, une souffrance que j'éprouvais ou des passages que je franchissais. Au fil du temps, les figures que j'incarnais sont devenues plus légères et lumineuses, à l'image de mon rapport à la vie. J'ai littéralement choisi de jouer pour guérir. Le jeu est devenu la solution de rechange à toute forme d'enjeu auquel j'étais resté accroché depuis ma venue au monde. C'est la voie royale que j'ai empruntée pour lâcher prise.

La prise de parole est aussi devenue essentielle. Je m'exprime non plus seulement à travers mon métier d'acteur, mais aussi en faisant parfois de la mise en scène au théâtre, en donnant des conférences sur les troubles de l'anxiété et en écrivant. La peinture s'ajoutera certainement dans un proche avenir à tous ces moyens d'expression. Pour le reste, je fais confiance à la vie.

CHAPITRE 6
Le petit écran

Parallèlement aux différentes expériences que je vivais sur les planches, je me mis à passer des auditions pour la télévision et la publicité. À mes débuts, j'obtins ici et là des apparitions dans quelques séries télévisées. Les personnages que j'incarnais étaient très secondaires, parfois même muets. Je ne sais pour quelle raison on me cantonna dans des rôles de serveurs ou de journalistes. Après avoir été gâté à l'École, je réalisais qu'il me fallait commencer au bas de l'échelle si je voulais acquérir de l'expérience. J'avais effectivement tout à apprendre, car la télévision est un autre monde que le théâtre. Le jeu pour la caméra demande en général une sobriété que l'on ne retrouve pas systématiquement au théâtre. Tandis que le jeu sur scène est une expérience directe avec le public, ce qui se fait à la télé est en grande partie diffusé en différé, sauf bien sûr dans le cas des nouvelles ou de certaines émissions de variétés.

La télé coûte cher à produire et dispose de peu de marge de manœuvre financière. C'est la raison pour laquelle le rythme de travail y est aussi rapide. Les somptueux télé-théâtres des débuts du petit écran ont disparu. Des séries lourdes qui coûtaient jusqu'à près d'un million de dollars la demi-heure ont vu leur budget être amputé de moitié. L'arrivée du Web a modifié considérablement la donne. Le public est davantage fragmenté et infidèle, ce qui divise la tarte publicitaire en plus de pointes et rend les commanditaires plus frileux à investir dans de nouveaux projets. Ceux-ci doivent ratisser large pour espérer répondre aux critères des producteurs et diffuseurs généralistes. Bref, la télévision est un monde volatil dont les paramètres sont totalement différents de la réalité théâtrale.

À la fin des années 1980, je fis donc mes premiers pas au petit écran avec appréhension. La vitesse à laquelle s'effectuait le travail me bousculait. C'est sur le terrain que j'appris à composer avec ce nouvel univers. À l'époque, les aspects relatifs au monde de la télé étaient absents des cours à l'École. Le tir a été corrigé depuis.

Une première expérience :
Monsieur le ministre

La première fois que je mis les pieds dans un studio de télévision, ce fut dans le cadre du téléroman *Monsieur le ministre*. Michel Dumont et Monique Mercure y tenaient les premiers rôles. Le studio d'enregistrement se trouvait dans les soussols de Radio-Canada, qu'on appelait parfois la boîte de chiffons J, à cause de sa forme si caractéristique. Je fus surpris de découvrir que les décors étaient non seulement compartimentés, mais exigus et collés les uns aux autres. La télévision donne une fausse impression de grandeur. Un plateau télé est plus petit dans la réalité que lorsqu'on le voit à l'écran.

Le décor dans lequel je fis ma toute première scène était le bureau du ministre. La plupart des livres et bibelots étaient fixés sur les rayons de bibliothèques. Les meubles et les pans de mur, rapprochés les uns des autres, offraient peu d'espace pour les déplacements. Il fallait être précis pour que les caméras puissent nous suivre.

Lors de cette première journée de tournage, fasciné et impressionné par l'univers que je découvrais, j'avais les yeux partout. Au-dessus des murs des décors, le plafond du studio était traversé de tiges et de projecteurs. Le plancher était jonché de fils de différentes grosseurs, telle une véritable assiette de spaghettis. Enfant, je n'aurais jamais soupçonné qu'il existât une organisation technique si complexe. Les cameramans travaillaient avec précision, le casque sur les oreilles pour recevoir les instructions du réalisateur depuis la régie. Régisseur, électriciens, sonorisateurs et éclairagistes s'affairaient sur le plateau. Sans compter le département artistique avec toute l'équipe aux costumes, décors, accessoires et maquillage.

Fort heureusement pour ce début à la télé, j'avais peu de texte à dire et de choses à faire. J'eus donc le loisir d'observer une nouvelle méthode de travail. Le type de concentration que demande la télévision n'est pas semblable à ce qu'on retrouve au théâtre. Outre la vitesse d'exécution, les scènes sont tournées les unes après les autres, mais pas nécessairement dans l'ordre chronologique. C'est au montage que la trame dramatique prend forme. Sur le plateau, les différentes valeurs de plan sont enregistrées. Plans larges, champs-contrechamps et autres plans serrés se succèdent jusqu'à ce que le réalisateur et les gens de la technique soient satisfaits.

Cette première expérience me donna l'impression d'être au beau milieu d'une ruche. J'ignorais comment j'allais faire pour composer avec cette méthode de travail. Très sensible aux mouvements, à la cacophonie des voix et au stress permanent, si léger soit-il, je constatais à quel point j'étais un buvard et que j'absorbais tout, même si personne ne me demandait d'agir de la sorte. Lors de tournages subséquents, je développai la vilaine habitude de vouloir aider tout le monde, comme si j'étais responsable de tous les départements de la production. Cette manie de chercher à prendre une charge supplémentaire sur mes épaules allait me suivre pendant des années. L'inévitable anxiété que cela pouvait me causer était inutile. Depuis que je me suis délesté de ce fâcheux réflexe, le plaisir de jouer s'est nettement bonifié.

Des séries en rafale

J'ai vécu des expériences télévisuelles en deux temps. Pendant cinq ans, de ma sortie de l'École jusqu'en 1991, j'ai participé à quelques séries, dont *Le grand remous*, à Radio-Canada. Je jouais le rôle du jeune amoureux de la fille d'un industriel. Cette saga familiale était réalisée entre autres par Lorraine Pintal, avec qui j'établis un bon contact. Toutefois, je ne comprenais rien au phrasé des textes de Mia Riddez. De plus, je n'arrivais pas à saisir le personnage, si bien que mon jeu était franchement nul. Récemment, lors de mon passage aux *Enfants de la télé*, j'ai pu revoir un extrait d'une scène d'amour que nous avions tournée près d'une chute. C'est une des choses les plus mauvaises et invraisemblables que j'ai faites à la télé. Cette scène se terminait alors que mon amoureuse et moi nous embrassions passionnément, étendus sur des pierres froides au bord d'une chute qui, dans les circonstances, avait plutôt l'air d'un précipice dans lequel l'auditoire aurait pu nous inviter à plonger...

Durant ces cinq années, j'ai pris part de manière continue à deux séries jeunesse : *Robin et Stella*, diffusée à Radio-Québec, comme on l'appelait à l'époque, ainsi que *Flanelle et Majuscule*, présentée à Canal Famille, l'ancêtre de VRAK.TV. La première était une émission de qualité, où l'imagination et l'esprit d'aventure étaient omniprésents. J'y jouais Roc, le frère de Stella, un adolescent musicien paresseux. Julien Poulin incarnait mon père, tandis que Robin était joué par une actrice, France Chevrette. Cette singularité fut longtemps cachée, pour devenir ensuite un élément de curiosité. J'ai beaucoup appris de cette aventure télé. Néanmoins, je me sentais souvent stressé par le rythme et les contingences de production. L'équipe était emballante et agréable, mais il suffisait de peu pour que je retombe dans une inquiétude parfois paralysante. J'avais une idée préconçue de la performance et du résultat, ce qui m'empêchait de profiter de l'expérience autant que je l'aurais souhaité.

L'autre série jeunesse, *Flanelle et Majuscule*, fut une épreuve. Il fallait tourner vingt-quatre épisodes en six semaines. L'horaire était le suivant : répétition de deux épisodes le lundi et tournage le mardi ; répétition de deux autres épisodes le jeudi et tournage le vendredi. Le hic, c'est que nous n'étions que deux acteurs et une marionnettiste pour une émission d'une demi-heure. La charge de travail était donc importante. Isabelle Vincent partageait l'écran avec moi. Ce fut un cadeau dans les circonstances, car nous avons naturellement une grande complicité. Ce ne fut pas le cas avec le réalisateur, qui n'avait aucun sens de l'humour.

Le rythme très rapide de la production nous donna l'impression d'être à l'usine. Il y eut à plusieurs reprises des tensions qui minèrent l'atmosphère de travail. Le résultat souffrait d'un ensemble d'approximations, tant en ce qui a trait au jeu qu'à la technique. Quelques fous rires furent même gardés à l'écran, tellement le temps était compté. Ce contrat était d'abord et avant tout alimentaire. En acceptant cet engagement, Isabelle et moi nous étions dit que de toute façon, personne ne verrait une émission diffusée sur une chaîne spécialisée. Il fallait être bien naïf pour croire une telle chose. Pendant des années, plusieurs personnes, jeunes, moins jeunes et gens du métier, nous mentionnèrent qu'elles nous avaient vus dans *Flanelle et Majuscule*. Effectivement, cette série fut diffusée à maintes reprises.

Incognito avec Céline

La télévision est un média avec différentes fenêtres. Si les nouvelles, les reportages et l'information en général sont très présents, il en va de même pour les séries dramatiques et la comédie. Ayant pour mandat de divertir un auditoire en quête de légèreté, les émissions de variétés disposent également de beaucoup de visibilité.

En 1987, alors que je venais tout juste de quitter l'École, on m'offrit de participer à une émission spéciale dans le cadre des *Beaux dimanches* pour le lancement du tout dernier album de Céline Dion, *Incognito*. Celle qu'on avait connue chantant *Une colombe* aspirait désormais à devenir une artiste de calibre international. Pour promouvoir ce nouvel album, une émission de variétés fut construite autour des chansons de Céline Dion, notamment à travers une série de vidéo-clips. Une portion fiction était insérée entre les chansons. Marcel Lebœuf incarnait un réalisateur impatient et moi, un collègue acteur amoureux de la jeune vedette.

À la fois nerveux et enthousiaste de travailler avec Céline Dion, j'eus beaucoup de plaisir à lui donner la réplique. Elle était charmante, accessible et drôle. J'étais impressionné par la déconcertante facilité avec laquelle elle se prêtait au jeu, fasciné de voir combien elle maîtrisait rapidement les chorégraphies, les textes et les indications du réalisateur. Sa capacité innée de plonger dans l'inconnu, de dire oui à l'instant présent avec autant de générosité était remarquable. Elle avait non seulement un immense talent pour chanter, mais aussi pour mordre dans la vie.

Aujourd'hui, cette émission est drôle à regarder. Le résultat fait sourire, tant l'esthétique des années 1980 n'a pas résisté à l'usure du temps. Les scènes qui se voulaient touchantes ou dramatiques sonnent faux. La relation entre Céline Dion et mon personnage est invraisemblable, comme cette courte scène d'adieu à la gare. Avant de nous quitter, nous échangeons quelques phrases poétiques ainsi qu'un baiser sur la bouche. Le résultat fait davantage penser à un sketch de RBO qu'à une émouvante scène de séparation. Si le concept a mal vieilli, il n'en demeure pas moins un formidable document d'archives. Par-dessus tout, je garde un excellent souvenir de ce tournage.

Une spirale de sabotage

Quelque temps plus tard, au terme de plusieurs projets pour la télé, je vécus un passage difficile. Durant sept ans, et malgré les nombreuses auditions que je passais, rien ne déboucha sur quelque chose de concret pour le petit écran. J'étais désillusionné et je sentais un vide que, fort heureusement, le théâtre pouvait encore combler. Mis à part quelques apparitions ici et là, il n'y eut rien de substantiel durant cette longue période. À tel point que j'en vins à douter de mon talent et de la pertinence d'exercer le métier d'acteur. Je faisais le dur constat que je n'étais peut-être pas à ma place devant la caméra. En cherchant à comprendre pourquoi les choses n'étaient ni simples ni évidentes, je réalisai que je ressentais une frustration qui n'était pas uniquement attribuable au profil de carrière que je menais. Je voulais vivre une grande aventure professionnelle comme acteur, mais je souhaitais aussi consacrer du temps à saisir les mécanismes de la pensée et les contraintes de l'existence.

Mon ego prenait très mal les entraves qui se dressaient sur ma route. Pour provoquer le destin et manifester ma déception, j'entrai peu à peu dans une spirale de sabotage. Je refusais les auditions ou m'arrangeais pour les rater. C'était une façon puérile de boycotter le système d'attribution des rôles. Le simple fait de devoir passer une audition était pour moi synonyme d'échec potentiel ou de perte de temps.

L'une des plus déplorables auditions de ma carrière fut pour une tablette de chocolat, en compagnie d'Élise Guilbault. Je connaissais cette merveilleuse comédienne, mais nous n'avions encore jamais joué ensemble. Par contre, nous savions qu'au contact l'un de l'autre, nous pouvions facilement avoir le fou rire. Lors de cette audition, Élise devait me susurrer à l'oreille toutes les qualités de cette friandise apparemment divine. Fébriles tous les deux, nous commençâmes à jouer la courte scène à laquelle ni elle ni moi ne croyions. Le sérieux des gens qui nous regardaient fragilisait le peu de concentration dont nous disposions. Le contexte était trop absurde.

Élise me débitait entre autres les mots suivants : « Cette barre est enrobée d'une succulente couche chocolatée. » À force de répéter sans cesse la scène et les mots, elle buta dans son texte et me dit, à deux pouces du nez : « Cette barre est enrobée d'une succulente mouche chocolatée. » Il n'en fallait pas plus pour que je sois pris d'un fou rire monumental. Incontrôlable, je me levai en me tenant contre le mur, secoué par un flot de spasmes. Incapable de parler, des larmes me coulaient sur les joues alors qu'Élise, décontenancée mais avec tout de même un large sourire sur le visage, s'excusa auprès de ceux qui nous regardaient, visiblement mal à l'aise. Dans toute son élégance et sa diplomatie, elle finit par leur mentionner : « Juste pour que vous compreniez, c'est parce qu'on se connaît bien... »

D'autres auditions furent carrément frustrantes. La pire que j'ai vécue était pour Poulet frit Kentucky. Avant d'entrer dans le local où nous étions filmés, l'agente de distribution me spécifia : « Faut que vous soyez drôles ! » Je me demandais comment je pourrais y parvenir avec un concept insipide et tiré par les cheveux. Mon tour arriva enfin. Je me retrouvai devant un réalisateur unilingue anglophone, avachi sur le divan, et affichant un air à la fois blasé et méprisant. Il s'adressa à moi en me disant : « *Follow my finger* (suis mon doigt). » Il me montra son index qu'il fit aller de droite à gauche, puis de gauche à droite pour finir par me lancer : « *Thank you.* » Je sortis du local médusé et furieux de ce que je venais de vivre. Aujourd'hui, si ce gars pointait sur moi son index en me disant : « *Follow my finger* », je lui montrerais sans hésiter mon majeur en lui répondant : « *Follow mine !* »

De l'autre côté du miroir

Quelque temps avant que débutent les tournages de la populaire série *Les Bougon*, une agence de casting m'offrit le rôle de Gratien Thérien, un député de comté baignant dans la corruption. Je fus fort heureux de cette nouvelle. On me demanda également de donner la réplique aux acteurs et actrices pressentis pour incarner les membres de la célèbre famille dysfonctionnelle. Pour la première fois de ma vie, je me retrouvais de l'autre côté de la caméra. Cette semaine de travail fut extrêmement bénéfique et me permit de changer à jamais le regard que je portais jusqu'alors sur le monde des auditions. Ce fut à ce point instructif que je pus dissoudre une fois pour toutes les jugements et idées reçues que je traînais comme un boulet depuis tant d'années.

Je réalisai qu'aucune intention malsaine ne se cachait derrière le processus. Producteurs et agents de casting recherchaient tout simplement les acteurs et actrices les plus susceptibles de rendre la pleine mesure de chacun des personnages. C'est une question de chimie, autant entre l'artiste et le rôle qu'avec les autres comédiens, le réalisateur et l'ensemble de la production. Le but est de constituer une équipe qui va bien fonctionner. Tous les éléments doivent travailler dans un esprit de collaboration. En donnant la réplique aux comédiens et comédiennes qui défilaient chaque jour dans le local, je pris conscience de ce qui est déterminant quand vient le temps d'auditionner.

La première chose qui saute aux yeux lorsqu'un acteur se présente en audition, c'est son énergie. Calme ou stressé, discret ou volubile, léger ou agité, l'état d'esprit est ce que l'on capte d'abord et avant tout. Certains sont trop volontaires ou trop gentils, d'autres posent trop de questions ou s'attardent inutilement à une foule de détails. La disponibilité physique et mentale est essentielle. C'est la présence ou l'absence qu'on remarque. Peu importe si par la suite l'exécution de la scène est habile ou même inspirée, c'est ce qui émane en premier lieu de la personne que l'on retient.

À l'issue de la semaine, une telle évidence me fit grand bien. Rétroactivement, je revoyais les nombreuses auditions que j'avais sabotées en étant trop déterminé, trop scolaire, sur la défensive ou totalement absent. J'ai énormément appris de l'attitude de certains des futurs acteurs engagés pour *Les Bougon*. Louison Danis et Antoine Bertrand furent remarquables de détachement, de disponibilité et de générosité. Dès qu'ils arrivèrent dans le petit local d'auditions, je sentis par leur charisme qu'ils allaient décrocher un rôle. Sans le savoir, ils mirent un baume sur ce qui me tracassait et contribuèrent à changer ma façon de voir les choses.

Aujourd'hui, j'utilise une autre image lorsque je vais passer une audition. Désormais, je travaille un rôle en atelier. Peu importe si je décroche ou non le rôle, j'essaie d'abord d'être disponible au personnage, au texte, au réalisateur et à la situation. Cet exercice n'est jamais perdu, puisqu'il me donne l'occasion de vérifier ma capacité à être présent, inspiré et libre. Heureux d'avoir franchi une étape cruciale, j'ai cessé de tout remettre en question. Une audition n'est qu'une étape parmi d'autres dans le travail d'un acteur. Tant mieux si le rôle proposé nous fait vibrer et qu'on obtient le privilège de le jouer. Mais si l'on essuie un refus, ce n'est pas pour autant un échec. Comme l'avait si bien dit René Lévesque au lendemain du premier référendum : «Vous êtes en train de me dire à la prochaine fois ! »

Du doute à la certitude

En 1991, une période de doute plus intense m'habita par rapport à mon métier d'acteur. Même si, depuis cinq ans, je n'avais pas chômé, je me retrouvai tout à coup sans contrat après *Le vrai monde ?* Je fus contraint de travailler comme serveur dans un restaurant d'Outremont, par ailleurs fort populaire auprès de la colonie artistique. Je me rappelle y avoir servi Michel Tremblay, très étonné de me retrouver là alors que je venais tout juste de terminer de jouer dans sa pièce après une longue tournée. Les productions télé auxquelles j'avais participé étaient arrivées à leur terme. L'essentiel de mon énergie était consacré à améliorer mon équilibre en lisant des ouvrages de nature psychologique, philosophique et spirituelle. Je ressentis un désir insoupçonné jusque-là : retourner aux études.

L'envie d'approfondir mes connaissances de la psyché humaine allait de pair avec un possible abandon du métier. Cette perspective nouvelle me surprit et me plut. Un éventuel changement de cap professionnel n'était pas le résultat d'un manque de travail comme acteur. Il s'agissait simplement d'un sentiment d'incomplétude persistant à ce moment-là.

À court d'argent, je décidai de retirer les fonds que j'avais commencé à accumuler pour ma retraite. Pour que cela soit possible, il me fallait quitter l'Union des artistes, qui en était le gestionnaire à l'époque. Parallèlement à l'annonce que je fis à l'UDA de mon retrait du métier d'acteur, je me rendis à l'Université de Montréal ainsi qu'à l'UQAM afin de me renseigner sur les programmes offerts en psychologie. Documentation en main, je sortis de ces deux endroits avec un sentiment de paix et de clarté que je n'avais pas connu depuis fort longtemps. J'étais libre. Libre de choisir et de déterminer le parcours de vie que je souhaitais emprunter. Il ne tenait qu'à moi d'explorer les multiples nouvelles possibilités qui s'offraient. J'en éprouvai un grand soulagement.

Ne me restait plus qu'à terminer le contrat de théâtre auquel j'étais lié, finaliser ma sortie de l'Union des artistes, encaisser les fonds que j'avais mis de côté, payer mes dettes et retourner aux études dans un domaine qui, j'en étais convaincu, allait davantage me combler que le milieu artistique. Je commençai, d'abord à mots couverts, puis sans retenue, à annoncer à mes amis, collègues et entourage que je me réorientais. La nouvelle se répandit rapidement et j'en ressentis à la fois un vertige et de l'excitation, comme si je transgressais un interdit. C'est alors que se produisit un phénomène que je n'avais pas vu venir.

Le fait d'avoir exprimé librement et publiquement mon désir de cesser d'être acteur fit en sorte que je voulus le redevenir. Aussi absurde que cela puisse paraître, j'avais quitté le métier pour choisir à nouveau de m'y engager. Une espèce de divorce à l'amiable pour permettre un remariage. J'avais besoin de renouveler les vœux avec ma passion initiale, cette fois en tant qu'adulte libre et consentant. C'était d'autant plus étonnant qu'il y eut un effet domino. Le détachement qui s'opéra en moi m'amena de nouvelles propositions professionnelles. Enchanté par cette déclaration d'amour que semblait me faire le domaine artistique, je changeai mon fusil d'épaule et pris le téléphone pour neutraliser mon choix précédent. Personne ne m'en tint rigueur, et s'il y eut quelques réactions d'étonnement, la plupart des metteurs en scène et directeurs artistiques se montrèrent franchement à l'écoute.

Le contrat théâtral qu'on m'offrit fit en sorte que je réintégrai rapidement l'Union des artistes. Il faut accumuler un certain nombre de crédits pour devenir membre actif du syndicat, ce que mon nouvel engagement professionnel de longue durée me permit de faire sans problème. Cet intermède fut bénéfique et me donna une assurance supplémentaire quant au bien-fondé de mon orientation de carrière. Je décidai donc de reprendre le métier tout en poursuivant mes investigations sur le sens de la vie.

L'univers surréaliste de la publicité

J'ai vécu de brèves mais intenses expériences dans le monde de la publicité à la caméra. Mon visage est apparu dans quelques concepts inusités, le plus souvent absurdes, et qu'il est encore possible de trouver sur YouTube. Pour le journal *La Presse*, on me voyait assis avec d'autres personnes autour d'une table lors d'une réunion de conseil d'administration. Mon personnage, exaspéré par une mouche qui dérangeait la réunion, prenait subitement un exemplaire du journal pour tuer l'insecte sur le front du patron.

Pour Dunkin' Donuts, la publicité se passait dans un décor à la Looney Tunes. J'incarnais le père d'une famille conventionnelle mais disjonctée qui s'extasiait à pleines dents sur des beignes. Sylvie Boucher interprétait ma conjointe et nous nous amusions beaucoup. Mais en fin de journée, à force de refaire les mêmes plans de plus en plus serrés, je me mis à paniquer, au point où j'éprouvai de la difficulté à jouer. Coincé dans un lieu restreint, à reproduire sans cesse les mêmes mimiques, je fus gagné si fort par l'anxiété que je craignis de me sentir bloqué et de retarder le tournage. J'en fis part à Sylvie, qui sut trouver les bons mots pour me détendre.

Sans conteste, la publicité la plus invraisemblable que j'eus à faire fut pour Steinberg. D'une durée de trois minutes, ce qui constituait un précédent, elle mettait en scène deux personnages, un homme et une femme, anciens amoureux, qui se retrouvaient dans les allées du supermarché. Le coup de foudre opérait à nouveau et commençait alors une saga surréaliste où l'on faisait des allers-retours entre les années 1970 et le présent. Hippies à l'époque, adultes grisonnants aujourd'hui, ils décidaient de revivre leur passion. Cette publicité était entièrement chantée et il fallut cinq jours de tournage en différents lieux, dont une ferme et La Ronde, pour la mettre sur pellicule.

À l'audition, il m'avait fallu chanter, ce que j'avais fait sans trop de problèmes. Le hic, c'est qu'une des scènes devait être tournée dans une montgolfière. Lorsqu'on me demanda si j'avais peur des hauteurs, je dus avouer que je n'étais jamais monté dans un ballon, et que je risquerais fort d'avoir la trouille. On s'empressa alors de me rassurer, en précisant que le scénario n'était pas coulé dans le béton et que de toute façon, les conditions de sécurité seraient maximales. Je quittai les lieux en pensant qu'il était peu probable que je décroche le rôle, étant donné mes fréquents échecs en auditions. Bien évidemment, la vie se chargea de me confronter à mes démons, car j'obtins le contrat. Bouleversé à l'idée de devoir flotter dans le vide, je me consolai en me disant que le cachet était très alléchant, d'autant plus que cette pub pouvait être diffusée en boucle sur plusieurs cycles.

Le tournage se fit rondement, sauf la portion qui se déroulait dans une montgolfière et qui fut très éprouvante. Il faut des conditions extrêmement précises pour monter en ballon. Le matin très tôt est idéal, lorsque le ciel est sans nuages. Le jour J, j'étais très vulnérable et dans un état d'anxiété assez prononcé. Toute l'équipe se voulut rassurante, me rappela que le ballon serait maintenu au sol par des câbles et qu'il n'était pas question de le laisser monter au-delà d'une certaine hauteur. Je parvins finalement à me calmer, mais les techniciens prirent du retard et la préparation pour le tournage se révéla plus longue que prévue. Les vents commencèrent à se lever. Malgré la contre-indication, le réalisateur voulut tout de même tenter de tourner la scène. Ce fut un moment de terreur.

Dès que le ballon fut gonflé, et bien qu'il fût maintenu au sol, l'équipe technique commença à perdre le contrôle de l'engin tandis que ma partenaire et moi étions dans la nacelle, ballottés avec angoisse en espérant que le vent se calme. Après une demi-heure de ce manège qui me parut une éternité, il fut décidé de remettre le tournage de la scène au lendemain, les conditions prévues étant nettement plus favorables. Alors que je sortais du panier avec soulagement, un des techniciens vint me voir en m'affirmant qu'il était heureux et rassuré que le tournage de cette scène soit reporté. Si les câbles avaient lâché, me dit-il, en cinq minutes, je me serais retrouvé dix kilomètres plus loin et à la dérive. Ses propos me mirent dans tous mes états. Je dus m'asseoir de longues minutes pour reprendre mes esprits.

Le tournage se termina dans le plaisir et la bonne humeur. Cette pub fut bien reçue en raison de son caractère si spécial. J'avais l'air d'Omar Sharif. Mon look était si réussi que lors du tournage, une cliente du supermarché vint me demander où étaient les concombres, croyant à tort que j'étais le gérant des lieux. Des extraits furent présentés lors de mon passage aux *Enfants de la télé*. Véronique Cloutier l'a particulièrement aimée. Pierre-Yves Bernard, auteur de *Minuit, le soir*, a qualifié cette pub chantée de *Misérables de l'alimentation*.

Retour au petit écran

Après des années de galère, pendant lesquelles le petit écran me semblait à nouveau inaccessible, je retrouvai avec bonheur les plateaux de télévision en 1998. Ces sept années de disette avaient néanmoins été bénéfiques, m'ayant donné un recul, une assurance et un détachement suffisamment grands pour que je puisse apprécier les merveilleuses nouvelles aventures télévisuelles qui allaient se présenter.

C'est Guy A. Lepage qui m'ouvrit les portes. M'ayant vu au théâtre dans une production des Éternels pigistes qui s'intitulait *Quelques humains*, et où j'interprétais de nombreux et délirants personnages, il me téléphona pour me proposer de prendre part à *Un gars, une fille*. Ce fut un pur bonheur de jouer avec Guy A. et Sylvie Léonard dans cette série de sketches à l'humour tendre et grinçant. Si les personnages secondaires étaient souvent invisibles, ne manifestant leur présence qu'avec leur voix ou leurs mains, j'eus l'occasion d'en jouer plusieurs que l'on voyait. La plupart du temps, c'était des rôles de composition, ce qui me permit de me transformer.

Parmi la galerie d'énergumènes que j'incarnai, il y eut un chauffeur de taxi d'extrême droite, un Pakistanais qui voulait acheter une auto et un vendeur de produit d'asphalte qui faisait du porte-à-porte en répétant inlassablement les mêmes insanités sur un ton monocorde. Ce sketch fut l'une des choses les plus longues que j'eus à tourner, puisque j'étais systématiquement pris d'un fou rire durant la scène. À trois reprises, le vendeur que je jouais récitait le même texte insipide, car le personnage de Guy A., impressionné par la façon dont je présentais le produit d'asphalte, s'amusait à me faire répéter.

Lorsqu'à son tour le personnage de Sylvie Léonard venait écouter l'infopub, c'en était trop pour ma fragile concentration. De voir ainsi les deux acteurs écouter avec une attention inouïe des propos vides de sens me faisait hurler de rire. J'ai compté le nombre de prises nécessaires pour arriver à faire la scène : dix-sept. Dix-sept prises pour réussir à passer à travers ce moment d'une folle absurdité. À la fin, j'étais si désespéré de ne pouvoir m'arrêter de rire que j'en éprouvais un profond malaise, comme si j'étais impuissant à maîtriser la situation.

Ma désormais célèbre réputation d'acteur au fou rire facile repose sur des faits semblables. J'allais d'ailleurs connaître des moments de pure et d'intense folie au contact de nul autre que Marc Labrèche.

Cet acteur est fabuleux et son imagination débridée est une source de joie infinie. Marc est un compagnon agréable et généreux, et ma rencontre avec lui fut un véritable coup de foudre professionnel. C'est un bonheur de jouer à ses côtés. Il y a quelque chose de magique lorsqu'on se retrouve ensemble sur un plateau. *Le cœur a ses raisons* fut ma première collaboration avec lui. L'auteur Marc Brunet pondait des textes absolument délirants qui nous demandaient des prouesses de concentration. Évidemment, je n'y arrivais pas la plupart du temps. Certaines scènes prirent d'ailleurs un temps fou à se faire. Il paraît que les horaires de tournage étaient prévus en fonction des nombreux retards occasionnés par les fous rires que ma présence ne manquait pas de provoquer.

Marc, sachant que j'ai le rire facile, s'amusait à tester mes limites. L'un des moments forts de ces délicieux décrochages eut lieu lors d'une scène où mon personnage se trouvait assis dans un avion, entre Marc Labrèche et Anne Dorval. À force de buter et de rire au même endroit, ce moment est devenu un classique des *bloopers* du *Cœur a ses raisons*. J'étais tellement incapable de jouer la scène sans rire qu'à force de la reprendre, je décrochais avant même d'avoir ouvert la bouche. Ce plateau a engendré beaucoup de bonheur et tous les interprètes, même les plus solides en termes de concentration, ont craqué durant les tournages. Macha Grenon, Pierre Brassard, Élise Guilbault et Sophie Faucher ont tous connu des fous rires mémorables.

Les séries télé auxquelles j'ai participé à partir de 1998 avaient toutes ceci en commun : une équipe d'interprètes solides et talentueux doublés d'êtres humains généreux et pas compliqués. Rares sont les acteurs ou actrices, en télé comme au théâtre, avec lesquels je ne me suis pas entendu. Je les compte sur les doigts d'une main. Une atmosphère de clarté et de légèreté ainsi qu'un esprit de camaraderie sont essentiels à la réussite d'un projet. À cet égard, j'ai toujours bénéficié d'excellentes relations de travail et de rapports humains agréables.

Le cœur à rire

Au théâtre comme à la télé, le rire a toujours été très présent dans mon métier. Je réalise avec du recul combien ce fut un outil thérapeutique extraordinaire. Outre l'autoanalyse et les lectures à caractère psychologique et spirituel, le jeu a été un moyen privilégié pour me libérer de l'anxiété. Le fait de pouvoir rire autant fut une véritable bénédiction. Je compare le rire franc et total à un massage de l'âme. J'ai ri à un tel point que j'ai souvent eu l'impression d'aider ma mémoire à se libérer de lourdeurs et de blocages persistants, comme si je faisais une authentique cure de légèreté. Les peurs et les inquiétudes que je portais pouvaient ainsi être évacuées en profondeur.

À partir de 1998, les nombreux et heureux tournages que je fis pour la télévision contribuèrent à me donner une confiance et une estime qui m'avaient grandement fait défaut jusque-là. Après *Un gars, une fille* et *Le cœur a ses raisons*, j'eus également l'occasion de jouer dans *Les Bougon*, où le député que j'incarnais revint dans plusieurs épisodes. Quelle joie de donner la réplique à Rémy Girard, Louison Danis, Antoine Bertrand et Hélène Bourgeois Leclerc ! Et quand arriva *Rumeurs*, ce fut le ravissement, d'autant plus que j'avais obtenu le rôle de Frank Laliberté à la suite d'une audition. L'équipe technique et les acteurs étaient formidables, et l'auteure Isabelle Langlois nous combla de sa plume incisive et généreuse. Jouer avec Véronique Le Flaguais était un rêve que je vis se réaliser. Si hargneuse dans son personnage et si charmante dans la vie, elle fut une partenaire exceptionnelle.

Des artistes de la série devinrent des amis. Outre Christian Bégin, je suis resté proche de Geneviève Brouillette et de Marie Turgeon. *Rumeurs* fut une école professionnelle extrêmement riche qui me permit de prendre du galon et de l'assurance devant la caméra. Rien à voir avec le rôle muet que j'avais tenu dans *Monsieur le ministre*. Cette fois, je me savais pleinement à ma place et j'acquis beaucoup d'expérience au fil de ces six années de plaisir. Là encore, il y eut des fous rires à répétition durant les tournages. Lynda Johnson est une actrice qui peut parfois devenir fragile et vulnérable aux décrochages. À quelques reprises, je l'ai vue rire à en pleurer, ce qui nécessitait chaque fois de bonnes retouches de maquillage. Il faut dire que nous avions cultivé tous les deux une complicité qui pouvait favoriser le fou rire.

Ayant déjà fait ma sortie du placard, je n'avais aucun problème avec la crainte d'être étiqueté. Le rôle de Frank Laliberté me donna toute la latitude pour jouer un personnage gai, mais dont les caractéristiques allaient bien au-delà de l'orientation sexuelle. J'ai adoré ce personnage qui n'avait pas la langue de bois, mais dont la fragilité affective était évidente sous une tonne de mauvaise foi. Il m'arrive de m'ennuyer de cette série dans laquelle je me suis tant épanoui.

Par la suite, je fus convié pendant trois ans à jouer une incroyable galerie de personnages variés et surréalistes dans *3600 secondes d'extase*. Partageant à nouveau l'univers de Marc Labrèche et de l'auteur Marc Brunet, j'eus l'immense privilège de m'éclater dans des sketches complètement déjantés et où, pour la première fois, on fit appel à mes talents d'imitateur. C'est avec un plaisir fou que je donnai vie à toutes sortes d'énergumènes ou tentai de reproduire les tics et les voix de nombreuses personnalités.

Avec un rare bonheur, je pus enfin imiter Micheline Lanctôt, qui m'a de tout temps fasciné. J'aime et je respecte infiniment cette femme dont le parcours, jalonné de créations sous de multiples formes, est le reflet d'une quête permanente de la liberté de parole. Les premières fois où j'eus à la jouer, je craignis sa réaction le jour où nos routes allaient se croiser. Au contraire, tout se passa si bien qu'elle m'adopta comme étant officiellement son alter ego. Sa capacité d'auto-dérision est un signe de santé psychologique et de sagesse, ce qui me fit l'apprécier davantage.

Durant les trois années de délire que dura *3600 secondes d'extase*, je m'amusai, aux côtés de Marc Labrèche, à me glisser entre autres dans la peau de Michael Ignatieff, de Michel Jasmin, d'Yves Desgagnés et de Guy A. Lepage, ainsi qu'à parodier plusieurs émissions de télévision et publicités. Je me sentais libre et porté par la grande confiance et la complicité de toute l'équipe. Ce fut un terrain de jeu extraordinaire où je vécus des moments de grâce, conscient qu'un tel cadeau est plutôt rare. Marc Labrèche fut une fois de plus un partenaire idéal, que j'allais par la suite retrouver dans *Les Bobos*. Vivre une telle abondance amène à développer un esprit de gratitude. Rien n'est jamais acquis, il faut se le rappeler. Depuis 2008, j'ai le plaisir de jouer dans une série jeunesse haute en couleur: *Vrak la vie*. Aux côtés de Pierre Hébert, Philippe Laprise, Marie-Soleil Dion et Marie-Claude St-Laurent, j'incarne dans cette émission le personnage de Gérard Carrier, un directeur d'école vêtu de brun et dont l'esprit est totalement disjoncté. C'est un véritable cadeau de jouer un rôle aussi fou. Là encore, toute l'équipe d'interprètes et créateurs liés à ce projet est d'une grande humanité. Je savoure pleinement cette aventure télévisuelle.

Du septième art à l'art d'aider

J'ai fait peu de cinéma. Ici et là, il y eut quelques journées de tournage pour des films populaires comme *De père en flic* ou *Idole instantanée*. Un des premiers films auxquels j'ai participé était *Une histoire inventée*, réalisé par André Forcier. C'était au début des années 1990. Les quelques jours de tournage que je fis me stressèrent, le cinéma étant un monde dont les codes diffèrent totalement de ceux du théâtre et de la télévision. Les acteurs vivent souvent de longues heures d'attente. Ils doivent néanmoins être prêts à jouer lorsque la technique est au point. Le temps qu'on lui consacre est toujours plus long que celui accordé au jeu.

C'est dans ce contexte que je fis mes premiers pas dans le septième art. Très anxieux à l'époque, j'apprivoisais sur place des règles qui m'échappaient. J'étais impressionné par la maîtrise et l'expérience des acteurs de haut calibre que sont Jean Lapointe, Louise Marleau et Charlotte Laurier. Je compris avec les années qu'il n'y avait pas de secret. C'était à force de faire du cinéma qu'une assurance et une latitude pouvaient se déployer tout naturellement. Encore fallait-il avoir la chance de rencontrer les réalisateurs et les rôles qui permettaient de se révéler.

Au fil des ans, on fit régulièrement appel à moi pour jouer dans des quiz ou des jeux de connaissances générales tels que *L'union fait la force* ou *Le tricheur*. Ces émissions sont, il faut bien l'avouer, à la fois ludiques et lucratives. Ce n'est pas un hasard si le public a parfois l'impression qu'on voit souvent les mêmes têtes y participer. Pour un artiste qui sait se montrer bon joueur, il s'agit d'une occasion de gagner sa vie tout en s'amusant. C'est également une vitrine pour parler de causes humanitaires ainsi que de projets de carrière.

Lorsqu'on devient une personnalité publique, il faut s'attendre à être sollicité pour des entrevues, des collectes de fonds ou des émissions de variétés. Pour ma part, je n'ai jamais eu de scrupules à me prêter au jeu, d'autant plus que les quiz auxquels j'ai participé m'ont parfois permis de gagner des sommes que j'ai pu remettre au restaurant Robin des Bois, dont je suis le porte-parole depuis quelques années. Ce resto au concept unique remet une partie de ses profits à des organismes qui aident des personnes fragilisées, toxicomanes ou isolées. Le Chaînon, le Refuge des Jeunes, Jeunesse au Soleil et le Santropol Roulant bénéficient d'un coup de pouce financier annuel du Robin des Bois. Je souligne ici le travail exceptionnel de la fondatrice de ce resto bienfaiteur, Judy Servay. Cette femme au grand cœur et au remarquable esprit d'initiative est devenue une amie précieuse de même qu'une confidente.

Coup de cœur

UNE JEUNESSE ENGAGÉE

J'aime les gens qui s'engagent activement dans leur milieu et qui cherchent à rendre plus humain le monde dans lequel nous vivons.

Lors de ce qu'il est maintenant convenu d'appeler le Printemps érable, on a vu une foule de personnes de tous horizons descendre dans les rues pour manifester leur désaccord face aux vieux modèles de notre société. Parmi eux, une jeunesse résolument engagée dans un désir profond de réformer certaines structures. Ils ne se reconnaissent pas dans les institutions et les cadres mis en place par les *baby-boomers* au plus fort de la Révolution tranquille. J'ai trouvé ces jeunes particulièrement inspirants.

On a beaucoup cherché à les discréditer alors qu'on aurait dû se réjouir davantage de leur élan, de leur foi et de leur détermination. Ils se sont révélés, en maintes occasions, porteurs d'idéaux extrêmement féconds en ces temps où la peur et le cynisme ont trop souvent la cote. Les Desjardins, Nadeau-Dubois et Bureau-Blouin ont prouvé que la nouvelle génération n'est pas un amalgame de paresseux et d'irresponsables. Ils sont nombreux à être cultivés, engagés, politisés et soucieux de contribuer à l'épanouissement et au développement de notre monde tout en se préoccupant d'équité, de qualité, d'équilibre et de beauté. Peut-être parce qu'ils sentent plus que jamais l'urgence de faire bouger les choses, alors que notre planète est à la croisée des chemins, je fonde beaucoup d'espoir aujourd'hui en ces jeunes. Détruire est facile et rapide, tandis que construire et créer demande du temps, de la discipline ainsi que des intentions solides et organiques. Donnons à cette jeunesse les moyens de transformer notre société pour la rendre plus vibrante et lumineuse.

En dépit des obstacles, la passion

Il faut de la patience, de la passion et de la foi pour continuer dans ce métier qui n'offre ni garanties ni sécurité. Avec le temps, j'ai appris à ne jamais baisser les bras. Je sais maintenant faire la distinction entre la détermination, qui relève de l'intuition, et l'entêtement, basé sur le rationnel, un esprit trop volontaire et bien souvent la peur.

Les acteurs sont fréquemment tributaires d'une mode passagère ; ils deviennent la saveur du mois pour ensuite tomber dans l'oubli. L'attrait de la nouveauté de même qu'une société axée sur le jeunisme peuvent devenir des facteurs de découragement pour ceux et celles dont la subsistance dépend du fameux coup de téléphone. C'est bien connu : les acteurs ne bénéficient pas de l'assurance emploi.

Sans compter qu'on peut nous oublier vite. Il est courant d'entendre des histoires d'artistes qui se font rappeler par le public à quel point leur présence se fait rare. Parfois avec délicatesse, parfois par un douloureux : « On ne vous voit plus à la télé ! » Malgré les aléas du marché du travail, il faut garder et entretenir la passion pour son art.

Face à cette réalité, il est nécessaire de cultiver un esprit d'initiative, de cogner aux portes, de s'associer à d'autres créateurs pour démarrer des projets. En cinq ans, j'ai travaillé sur pas moins de quatre projets télévisuels qui ont tous fini aux oubliettes. On doit maintenir le cap malgré le côté totalement aléatoire d'une aventure dont on sait pertinemment qu'elle peut se retrouver en compétition directe avec d'autres projets. Car ils sont nombreux, les artistes, auteurs et réalisateurs de grand calibre à travailler sur des scénarios qui seront soumis par la suite à l'approbation de producteurs et diffuseurs en quête de la perle rare.

Avec l'expérience, la peur du refus a fait place chez moi à une excitation mêlée à un goût du risque plus marqué. Lorsque me vient une idée et que le désir de travailler avec tel réalisateur ou telle maison de production se dessine intuitivement, je n'hésite plus à prendre le téléphone et à me manifester. En ce sens, je mesure tout le chemin parcouru depuis tant d'années. Plus que jamais, j'ai envie de m'amuser à inventer des univers afin d'inviter les téléspectateurs dans des situations absurdes issues du réel et du quotidien. À force d'observer l'humanité, j'ai souvent été témoin de scènes surréalistes où j'étais devant des personnages sortant de l'ordinaire. La réalité dépasse effectivement bien souvent la fiction. C'est une source inépuisable d'inspiration et je continue à prendre plaisir à m'y alimenter.

CHAPITRE 7
Un merveilleux vertige

Mes histoires amoureuses n'ont jamais été simples. Pour tout dire, elles furent pendant longtemps à l'image de mon rapport à la vie, c'est-à-dire infiniment complexes. L'amour m'a toujours fait peur. Jusqu'à tout récemment, je craignais de m'y abandonner.

Déjà, adolescent, je redoutais de me trouver avec une autre personne dans un contexte d'intimité. Il ne pouvait en être autrement : en perpétuel conflit avec moi-même, je consacrais l'essentiel de mon énergie et de mon attention à patauger dans mes contradictions et non à construire une relation avec l'autre. Plus le temps passait, que je grandissais et que la puberté commençait à faire son œuvre, plus je sentais une insupportable pression monter en moi.

Au secondaire, le fait de voir les autres garçons se faire des petites amies m'amenait à réaliser que quelque chose clochait chez moi. Tandis qu'ils semblaient nager tout naturellement et avec assurance dans la découverte de la sexualité et des relations affectives, j'avais les deux pieds sur le frein, comme si je refusais de quitter l'enfance. Je me comparais sans cesse à eux, de sorte que j'en étais venu à me dévaloriser. La courte relation que j'avais connue avec une fille à mon école primaire m'avait néanmoins permis de croire que je pouvais être aimé.

Le désir croissant que j'éprouvais pour les hommes accentuait la détresse que je ressentais. Dans le contexte culturel, familial et social des années 1960 et 1970, afficher son homosexualité équivalait, dans mon esprit, à un aller simple pour l'échafaud. Je préférais m'isoler et couper tout contact le moindrement compromettant. Cette forme de fuite me convenait parfaitement. Je me rabattais sur mon imagination et mes fantasmes pour sublimer ce manque affectif. Il n'y avait pas de solution de rechange à court terme.

Michel Marc

Michel Marc Bouchard, mon tout premier amoureux, m'a beaucoup aimé. Notre relation, qui dura deux ans et demi, fut ponctuée de séparations. Malgré le désir que j'avais de lui rendre son amour, je m'en sentais incapable. Je n'étais pas prêt à m'engager dans une relation. Tout ce qui me préoccupait, c'était de butiner, de papillonner, de courir cent lièvres à la fois. Mon monde intérieur était sous clef, et le salut passait par une agitation extérieure frénétique. Ce type de comportement et d'attitude allait caractériser toutes mes relations amoureuses au cours des années à venir. Systématiquement, je finissais par fuir ou par saboter un rapport intime qui m'apparaissait menaçant. La peur d'être enfermé dans une routine faisait en sorte que, tôt ou tard, je mettais fin à la relation. Dans ces conditions, mon histoire avec Michel Marc ne pouvait être qu'éphémère.

Michel Marc est un être formidable et un grand auteur. Son talent et son érudition m'ont toujours impressionné. Natif du Lac-Saint-Jean, il me présenta bien vite aux membres de sa famille, qui n'ont pas la langue dans leur poche. J'étais parfois gêné par leur approche directe. J'avais le sentiment d'être parfois le mouton noir à qui l'on faisait passer une audition.

Michel Marc m'engageait dans ses pièces et m'invitait à partager ses activités professionnelles, premières et autres événements culturels. Rapidement, il devint jaloux. Il faut dire que, assoiffé d'amour et de reconnaissance, j'adorais séduire. À l'époque, je faisais le paon pour m'attirer les faveurs du milieu artistique ou simplement parce que j'étais charmé par la beauté. Cette façon de faire me donnait l'impression d'avoir un certain pouvoir. La drague m'excitait. C'était une drogue. Mais les effets pervers de toute drogue finissent inévitablement par provoquer des dégâts.

J'ai trompé Michel Marc et je n'en suis pas fier. Mon irresponsabilité et mon inconscience l'ont blessé et je le regrette sincèrement. La façon cavalière dont je me suis comporté était l'illustration parfaite de ma nature narcissique et immature, à l'époque. En bon Bélier, je fonçais tête baissée, comme si je voulais tester à tout prix la vie, les êtres et les situations.

La rupture fut extrêmement difficile pour Michel Marc. Constatant le chagrin que mon comportement égoïste occasionnait, je choisis néanmoins de quitter Ottawa en essayant de me donner bonne conscience. J'avais passé près de trois ans dans cette ville, à expérimenter intensivement de multiples aspects de l'existence, dans une espèce de cours en accéléré. J'avais vécu cette période comme s'il s'agissait d'un buffet à volonté. Mettant tout cela sur le compte des erreurs de jeunesse que mon adolescence coincée ne m'avait pas permis de vivre, j'arrivai à Montréal avec le désir d'un quotidien plus stable. Je vivais un nouvel amour, je commençais l'École nationale de théâtre, il était maintenant temps de mettre de l'ordre dans ma vie après tant de tumulte et de chaos.

Jean

Durant la majeure partie de mes études à Montréal, j'ai vécu avec Jean une relation importante dont je garde de bons souvenirs. Le début de cette relation coïncida avec mes premières crises d'anxiété. Si ma vie amoureuse fut passionnée la première année, elle commença par la suite à s'étioler, pour finir par s'émousser complètement.

En compagnie de Jean, je vivais dans un cocon affectif et matériel que j'appréciais, et qui me permit de traverser mes premières crises d'anxiété dans un cadre sécurisant. Sa présence et son humour me firent le plus grand bien. Pris en charge à l'École et dans ma relation amoureuse, il m'était plus facile d'affronter mes zones d'ombre. Jean fut très généreux et fit preuve d'énormément d'élégance, ce dont je lui suis reconnaissant. Il m'apporta une sécurité financière en couvrant la plupart des frais du quotidien pendant que j'étais aux études. Il m'invitait souvent au restaurant puisque nous sortions beaucoup au théâtre ou lors d'événements culturels. Durant toute cette période, je pris bien soin de noter les sommes que j'aurais normalement dû débourser. Des années plus tard, même s'il m'avait dit à plusieurs reprises que je ne lui devais rien, je me fis un devoir de le rembourser. C'était une question d'équité, et ma façon de le remercier pour sa présence et son soutien alors que j'allais si mal. C'était aussi un moyen de m'excuser de mon incapacité chronique à m'abandonner, une fois de plus, à l'amour.

Je n'avais toujours pas l'espace intérieur disponible pour faire de la place à l'autre. Mon attention se portait essentiellement sur mon futur métier et le sens de la vie. En mai 1985, je quittai Jean le temps d'aller jouer dans un théâtre d'été à Baie-Comeau. Cet intermède me permit de prendre du recul et de commencer à mettre les troubles anxieux en perspective. Avec le temps, j'avais tenu pour acquise la relation que je vivais. Tant et si bien que, par ma négligence, j'avais fini par creuser un fossé entre Jean et moi. À mon retour de Baie-Comeau, notre relation prit fin. Je ne soupçonnais pas encore à quel point la perte d'une sécurité affective et matérielle allait m'aider à m'affranchir de mes peurs.

Les années qui suivirent furent jalonnées de quelques relations sans lendemain, de passions qui se terminaient aussi vite qu'elles avaient commencé. Concentré à trouver un équilibre personnel, je n'étais pas disposé à m'engager dans une relation amoureuse stable. L'amour me semblait compliqué. Je mélangeais tout, ne sachant pas ce que je voulais, espérant être comblé dans mes attentes, tout en cherchant maladroitement à combler celles de mes partenaires. Je me lassais dès qu'un semblant de routine s'installait. Je ne ressentais pas le besoin de vivre une relation profonde et engagée, et pourtant, j'enviais les personnes qui semblaient filer le parfait bonheur en plongeant corps et âme dans une aventure émotionnelle entière. En 1988, il survint un événement particulier qui allait enrichir ma vie et changer le cours de mon existence.

Julie

Je jouais depuis un an *La magnifique aventure de Denis St-Onge*, une pièce écrite et mise en scène par René Richard Cyr, lorsque Anne Dorval, qui faisait partie de la distribution, dut être remplacée. Une grosse tournée était à l'agenda, et René Richard fit appel à une jeune comédienne, Julie, pour remplacer Anne.

Julie et moi développâmes très vite une grande complicité, notre penchant commun pour l'humour absurde ayant tôt fait de tisser des liens privilégiés. La tournée s'échelonna sur plusieurs mois partout au Québec. Comme il s'agissait d'une pièce pour le public adolescent, les représentations se faisaient souvent en matinée, ce qui nous laissait du temps le reste de la journée. Un soir, avec les deux autres acteurs de la troupe, nous décidâmes de regarder un film dans une de nos chambres d'hôtel. Durant la soirée, nos deux collègues finirent par nous mettre au défi, Julie et moi, de nous embrasser si le film se terminait d'une certaine façon. Ils gagnèrent leur pari et nous nous mîmes à nous bécoter en riant, jusqu'à ce que le jeu bascule dans quelque chose de plus sérieux. Nos amis quittèrent la chambre, nous laissant seuls.

Même si j'étais homosexuel et que Julie le savait, nous commençâmes une relation sans trop comprendre ce qui arrivait. Cet étrange changement de parcours pour moi ne l'était qu'en apparence. Depuis mon tout jeune âge, une part de moi-même était attirée par les femmes. Malgré le peu de possibilités que cet amour naissant puisse durer, Julie et moi allions bientôt former un couple. J'étais tiraillé entre le désir de vivre une nouvelle expérience féconde et ma véritable nature. Si mon homosexualité était clairement acceptée dans le milieu théâtral, je n'avais toujours pas fait ma sortie officielle du placard devant mes parents, redoutant une réaction négative.

Ce fut donc une histoire d'amour aussi profonde qu'absurde qui débuta avec Julie. L'un comme l'autre nous sentions parfois dépassés par l'impression tenace que, malgré l'affection mutuelle que nous nous portions, nous nous dirigions tout droit vers une impasse. Il y eut de nombreux moments magiques et lumineux. Nous partagions une foule d'intérêts et de valeurs. Nous en arrivâmes même à vivre sous le même toit. Mais malgré la complicité, l'humour et l'affection qui nous unissaient, il fallut peu à peu nous rendre à l'évidence. Au bout de trois ans de vie commune, Julie m'annonça qu'elle me quittait.

J'espérais et appréhendais à la fois ce moment. J'étais retombé dans les mêmes ornières, mais avec une femme. Une fois de plus, j'avais laissé mourir une relation en laissant à l'autre la pénible décision d'en faire l'annonce officielle. À nouveau seul, je repris conscience que, peu importe la personne ou le sexe, m'engager en amour était infiniment difficile et que je portais la responsabilité de mes échecs.

Triangle amoureux à l'italienne

Au terme de ma relation avec Julie, je ne désirais plus être en couple. Le sentiment d'échec était puissant et j'avais envie de tout quitter. La vie allait exaucer mes souhaits : à l'été 1993, j'allais vivre une véritable saga, une expérience professionnelle et amoureuse digne d'un scénario de film.

C'est du côté de Florence, berceau de la Renaissance, que se déroula l'intrigue. Dans le cadre d'un échange culturel entre une compagnie d'ici pour laquelle je travaillais et une compagnie de création italienne, je fus engagé comme acteur dans une aventure artistique particulière. La metteure en scène québécoise travaillait avec les acteurs italiens, tandis que Carla (prénom fictif) nous dirigeait dans une adaptation québécoise d'une pièce italienne du XVIᵉ siècle intitulée *Ruzzante*.

Le pays de Dante est l'endroit par excellence pour flirter. Je me sentis aussitôt à l'aise dans cet environnement culturel bouillonnant et passionnel. En peu de temps, je fus en mesure de baragouiner l'italien, tant cette langue résonnait dans mon être. Je fis rapidement connaissance avec tous les membres de cette compagnie théâtrale à la fois flamboyante et compliquée. Ce fut la première chose qui me frappa au contact quotidien des Italiens : l'art de faire compliqué au point de générer constamment le chaos. Ce peuple possède également un talent fou pour le drame et les excès, aux antipodes de ses voisins suisses. À Florence, j'étais chez moi.

L'Italie a quelque chose de profondément anarchique, et pourtant, tout finit par fonctionner. Le réseau ferroviaire ou les musées peuvent se mettre en grève sans préavis. Une pièce de théâtre qui commence en principe à 20 h débute systématiquement avec du retard. Il me fallut à maintes reprises rappeler à des Québécois de passage qu'il ne servait à rien de s'énerver et de vouloir changer les choses. Le pays fonctionnait ainsi et cela faisait son charme. C'est dans un tel contexte parfois imprévisible que *Ruzzante* fut mise au monde.

Carla parlait très bien français, avait un humour extraordinaire, était passionnée, entière, torturée et pouvait se mettre dans des états indescriptibles. C'était une Italienne dans l'âme. Comme tous les membres de la compagnie, il y avait chez elle cette omniprésence de l'émotion. J'assistai plus d'une fois à des moments de crise ou de doute, alternant avec des éclats de rire et de joie. Je tombai très vite sous le charme. Alors qu'en répétition, j'opposais à son inconstance mon côté studieux et appliqué, elle cherchait toujours à briser ma façon de faire pour, disait-elle, « aller plus loin dans la vérité ». Bousculé et irrité par ce que je considérais comme de la mauvaise foi, je finis par piquer quelques colères. Surprise, Carla se mit ensuite à rire, puis à m'imiter. Un jeu de séduction mutuelle s'installa. J'en vins à éprouver une forte attirance pour elle.

Carla et moi commençâmes à nous voir en cachette, avant ou après les répétitions. Personne ne se doutait de quoi que ce soit, y compris le mari de Carla, Roberto (prénom fictif), un homme d'une renversante beauté. Celui-ci faisait tourner bien des têtes mais demeurait discret et énigmatique, avec un caractère tranchant. Je me mis à craindre très fortement sa réaction s'il venait à apprendre ce qui se passait entre Carla et moi. Elle chercha à me rassurer, en me jurant que notre histoire demeurerait secrète. Ce fut donc le statu quo pendant un certain temps, jusqu'au soir où je me retrouvai avec toute la troupe dans un restaurant.

Nous étions assis autour de tables circulaires dont les grandes nappes tombantes cachaient les pattes. Face à moi se trouvait Roberto, tandis que Carla était assise à une autre table. Je me sentis rapidement mal à l'aise. Redoutant qu'il devine intuitivement ma liaison avec sa femme, je cherchais sans cesse à éviter son regard. Essayant tant bien que mal de faire diversion en discutant avec mes voisins de table, je perçus néanmoins que ses yeux se posaient souvent sur moi, avec parfois un sourire étrange dont je n'arrivais pas à traduire l'intention. J'appréhendais à tout instant qu'il se lève, demande un moment d'attention et annonce à toute l'assemblée qu'il avait découvert le pot aux roses. J'avais donc particulièrement l'impression d'être sur la corde raide, lorsque je sentis tout à coup un pied me caresser une jambe.

Ne comprenant pas ce qui se passait, je devins très nerveux tout en jetant des regards furtifs à l'ensemble de la tablée. Ne voulant éveiller aucun soupçon, je me retins de répondre aux avances qui se firent tout de même de plus en plus insistantes. Mes yeux croisèrent alors ceux de Roberto. Toute ambiguïté disparut. Il me draguait effrontément, au milieu d'un repas et parmi tant de monde. Je rougis d'un coup et ma gorge devint sèche. La première chose qui me vint à l'esprit fut que personne au Québec n'allait me croire quand j'allais raconter la situation surréaliste dans laquelle je me trouvais.

À la fois ravi et décontenancé par les avances de cet Apollon, je finis par y répondre en participant à mon tour au jeu de jambes. J'étais dans une scène de film et je devais donner la réplique. Le repas prit fin et je ne savais plus sur quel pied danser. Avant de retourner dans le petit appartement attenant au théâtre où je logeais, je m'empressai de glisser quelques mots à l'oreille de Carla, l'implorant de venir me rejoindre au plus vite. Après de longues minutes d'attente, pendant lesquelles Carla dut justifier à Roberto qu'elle devait s'absenter quelques instants, elle arriva enfin au théâtre, où je l'attendais fébrilement.

Je lui racontai tout. Son mari était attiré par moi. Il avait nettement un penchant pour les hommes. La réaction de Carla fut teintée de stupéfaction, puis elle éclata de rire. Elle ne pouvait pas croire une telle chose.

Ce fut le début d'un triangle amoureux. Carla et moi continuâmes à nous fréquenter, même si elle craignait que

Roberto fût mis au parfum, alors que ce dernier insista pour me voir en secret. Après quelques jours de ce jeu du chat et de la souris, il fallut bien évidemment songer à mettre un terme à ce manège. Carla et moi décidâmes donc un soir d'appeler Roberto afin de mettre cartes sur table. Tout fut déballé. L'issue de cette histoire fut bénéfique dans la mesure où elle nous mit face à nos propres mensonges et attitudes malsaines. Nous avions tous vécu avec passion une part d'ombre qui nous habitait, mais cela révélait au final des manques, des peurs, beaucoup d'illusions et une difficulté à nous engager dans un amour qui élève et respecte autrui.

Les choses finirent par se replacer. Nos rapports demeurèrent intenses, mais avec plus de profondeur et d'humanité. La pièce fut présentée et reçut un accueil public et critique enthousiaste. L'été passa vite et je dus bientôt me préparer à partir. J'étais déchiré de devoir quitter Carla, Roberto et cette magnifique ville de Florence. L'idée de m'installer en Italie m'avait maintes fois traversé le cœur et l'esprit, mais cette éventualité était trop bancale et chimérique pour qu'elle se concrétise. C'est en pleurs et sans voix que je partis un petit matin d'octobre 1993 pour regagner le Québec, où m'attendaient la noirceur précoce et le dur retour à la réalité.

À ma plus grande joie, je fus de nouveau invité l'année suivante par la même compagnie. Durant quelques mois, j'offris des ateliers d'improvisation en français à des acteurs italiens. L'expérience se révéla cependant difficile. Le contexte n'était plus le même, le temps ayant fait son œuvre. Le fossé s'était creusé. Il y eut des tensions avec Roberto. Même Carla était devenue absente, se souciant uniquement de son travail. Je sentis qu'il me fallait rentrer une fois pour toutes au Québec.

J'ai croisé Carla et Roberto à quelques reprises au Québec les années suivantes. Les retrouvailles étaient agréables, toujours teintées d'un soupçon de nostalgie, même si nos vies avaient clairement et définitivement pris des chemins différents. Tout retour en arrière était exclu. Cette histoire hors norme était désormais derrière nous. Je garderai toujours dans mon cœur et mon esprit une image très vivante et lumineuse de ce couple attachant et singulier.

Coup de cœur

LA LANGUE FRANÇAISE

J'ai adoré apprendre à parler la langue de Dante et avoir l'occasion d'extérioriser, tel un véritable Italien exubérant et extraverti, quelques-uns des sentiments passionnés qui m'habitaient. Mais j'aime par-dessus tout la langue française, qui imprègne mon histoire et celle de ma famille.

Cela fait un siècle qu'on prédit son déclin, voire sa disparition. Le français serait devenu une langue morte, selon certains. Rien n'est plus faux! Jamais ne l'a-t-on autant parlé. Aux quelque deux cent vingt millions de locuteurs officiels, c'est-à-dire sachant lire et écrire le français, s'ajoutent tous ceux et celles qui savent le parler. Il y aurait probablement plus de trois cents millions de personnes francophones ou aptes à parler le français partout dans le monde. Sans compter les cent millions d'autres qui l'étudient actuellement. Ajoutez à cela la natalité vigoureuse des pays africains et même de la France, le développement d'Internet et des réseaux sociaux dans toute la francophonie, et vous constaterez qu'au contraire, il est permis d'envisager son avenir avec optimisme.

Parce que, contrairement à ce qui est généralement véhiculé, cette langue jouit encore d'une aura très forte, qui n'est plus seulement basée sur une espèce de nostalgie passéiste, mais qui traduit plutôt un dynamisme dans plusieurs secteurs d'activité.

On n'a qu'à consulter la liste de George Weber pour s'en convaincre. Cette étude détermine le pouvoir des langues par l'entremise d'une série très stricte de critères. Sur les milliers de langues dans le monde, le français se classerait deuxième derrière l'anglais, mais devant l'espagnol. Les équations menant à ce résultat étonnant sont suffisamment sérieuses pour qu'on commence à s'interroger vraiment sur les raisons qui nous poussent si souvent à afficher une attitude négative quant à l'avenir du français. Chose certaine, ce n'est pas mon cas !

Sylvie

À mon retour de Florence en 1993, je n'avais plus rien. Ayant tout vendu avant mon départ, je n'eus d'autre choix que d'accepter une proposition qui tomba à point. La mère d'une actrice avec qui j'avais joué en Italie m'offrit généreusement d'habiter sous son toit, le temps que je me trouve un appartement. Sans le sou et après avoir vécu un été si intense à Florence, je ressentis un grand vide qui me donna un tel vertige que je ne voyais pas comment je pourrais m'en sortir. Je repartais littéralement à zéro.

Heureusement, j'avais du boulot. J'allais jouer dans la tournée Juste pour rire 1994 avec Christian Bégin et Claude Legault. Cette production, composée de sketches absurdes et humoristiques, fut d'un point de vue psychologique et financier une véritable bouée de sauvetage.

Les répétitions avaient lieu dans des locaux de l'édifice Juste pour rire, situé boulevard Saint-Laurent à Montréal. À la réception, une jolie femme souriante me saluait systématiquement, à l'arrivée comme au départ. Je la trouvais charmante. Elle s'appelait Sylvie. Touché par autant de délicatesse, je la saluais également en retour, mais toujours avec une certaine gêne. Petit à petit, elle se mit à me faire un brin de conversation et à s'informer de la pièce que j'allais jouer. Je commençai à me sentir troublé en sa présence. Souhaitant faire plus ample connaissance, elle m'invita à souper chez elle afin que nous passions un peu de temps ensemble. J'acceptai son invitation, bien que j'eusse le sentiment de m'aventurer en terrain miné.

Son appartement était élégant et décoré avec goût. Ce fut une soirée très agréable. Tout en appréciant énormément l'attention et le traitement que je recevais, je me demandais sincèrement ce qu'une femme pouvait trouver de si attirant chez un gars sans moyens financiers, fragile psychologiquement et homosexuel, pour couronner le tout. Non seulement je ne cherchai pas à enjoliver le portrait de ma situation, mais je lui donnai l'heure juste. Elle fit de même de son côté.

Sylvie avait connu des moments parfois difficiles. Ayant dû faire face très tôt à ses responsabilités, elle eut à travailler fort pendant des années pour se donner une autonomie et une qualité de vie. Son hypersensibilité m'impressionna, de même que sa grande capacité d'émerveillement. Elle avait voyagé et possédait une culture musicale, cinématographique et artistique développée. Mais avant tout, elle cherchait un ancrage affectif. Il pouvait sembler absurde de me lancer à nouveau dans une relation vouée à l'échec à long terme, mais je dus admettre que nous avions des atomes crochus. Au besoin mutuel de soutien et d'affection s'ajoutait le désir respectif de refaire sa vie.

J'ai aimé Sylvie. Cette relation privilégiée dura six années, qui furent ponctuées de moments de pur bonheur et de périodes sombres. Mon expérience précédente avec Julie m'avait aidé à vivre en équilibre avec une femme. Mais au bout de quatre ans, il me fallut une fois encore me rendre à l'évidence. J'avais beau aimer Sylvie et souhaiter la combler, je n'y arrivais plus. Si, au départ, nous étions l'un pour l'autre un rayon de soleil et une bouée de sauvetage, le temps plombait désormais notre relation. Ce ne fut pas une situation facile pour elle. Aimante et généreuse, elle espérait que notre amour se prolonge. De mon côté, je me montrais toujours affectueux, mais une frustration et une colère montaient en moi. J'avais refoulé mon homosexualité, et la situation devenait de plus en plus intenable. Je me sentais pris au piège mais incapable de trouver le courage d'afficher mes couleurs. Si bien que je me mis à boire.

Sylvie et moi sommes peu à peu devenus des colocataires. Même si notre relation se détériorait, notre besoin de sécurité était plus fort que tout. Préférant jouer à l'autruche, comme si un improbable miracle allait se produire, nous avons poursuivi notre relation pendant deux ans. À l'évidence, nous devions pourtant nous quitter. Plus de doute : ce serait ma dernière histoire d'amour avec une femme. Il était temps que j'assume pleinement mon homosexualité. Éprouvant néanmoins beaucoup d'affection pour Sylvie, j'espérais de tout cœur qu'elle rencontre au plus vite un homme qui saurait la combler et avec lequel elle pourrait enfin s'épanouir. Un soir de mai 2000, je compris que notre relation allait prendre fin. Je croisai un homme qui sortait de notre appartement à l'instant où j'y entrais. Un mois plus tard, Sylvie me quittait.

Le jour où elle franchit pour la dernière fois la porte de notre appartement, je fus submergé par une peine immense. Je passai des heures à pleurer comme je ne l'avais jamais fait. C'est avec un énorme soulagement que je me laissai aller à la puissante sensation de mourir tout à coup à l'ancien, au passé, aux attaches et aux limites. Au cœur de cette intense émotion, je reconnaissais que ma vie sentimentale avait toujours été un échec. Il me fallait vivre seul et entreprendre un ménage plus profond avant de connaître un véritable engagement amoureux.

Par ailleurs, j'allais consacrer mon énergie à poursuivre l'assainissement de mes finances, m'occuper de ma santé et préparer le terrain pour finalement devenir propriétaire. À trente-neuf ans, j'étais encore un éternel étudiant, un rêveur et un idéaliste qui avait de la difficulté à composer avec certaines réalités, encore attiré par la fuite et les illusions. Il était temps que je cesse d'attendre un sauveur et que je m'organise par moi-même. Les autres n'étaient absolument pas responsables de mon bonheur. Paradoxalement, cette nouvelle séparation était ce qui pouvait m'arriver de mieux.

Louis, amour de ma vie

À l'été 2000, j'annonçai officiellement à mes parents que j'étais homosexuel. Ils acceptèrent ma réalité. Cet énorme poids en moins sur mes épaules, je pouvais espérer rencontrer l'âme sœur. Ce fut au contraire une période stérile.

Je ne vécus qu'une brève relation, passionnelle mais impossible. Le contexte de cette rencontre fut particulier, surréaliste, et certainement révélateur de la leçon que j'allais en tirer. On me téléphona un jour pour me demander de jouer dans une pièce qui allait partir en tournée. Je devais remplacer un acteur qui se prénommait Jacques. Le metteur en scène s'appelait Jacques. Et la pièce en question s'appelait *Jacques ou La soumission*.

L'un des acteurs de la troupe me fit la cour et se jeta littéralement sur moi. L'aventure se transforma en coup de foudre. Mais en très peu de temps, je sentis à quel point cette relation devenait toxique. Cet homme était séduisant et exerça peu à peu une emprise sur moi, à tel point que j'en vins à tolérer son côté sombre. Jusqu'au jour où je décidai de ne plus accepter cette façon d'être traité. Un matin, alors que nous étions couchés, il me lança cavalièrement une phrase méprisante. D'abord saisi, je finis par me lever d'un bond, pris mes affaires, et quittai cet homme pour toujours. Je venais de franchir un grand pas en brisant une dynamique basée sur la dépendance. Cette relation n'était pas de l'amour mais de la drogue.

À la suite de cette courte parenthèse, j'en vins à me poser de sérieuses questions sur mes chances de pouvoir un jour partager ma vie avec quelqu'un. En me donnant du recul et un nouvel espace de réflexion, j'en arrivai à la conclusion qu'il était fort possible que je fasse ma vie en solitaire. Je m'habituais peu à peu à cette idée qui, au fond, ne me semblait ni grave ni dramatique. À mes amis et mon entourage, j'annonçai donc de plus en plus ouvertement que je choisissais dorénavant d'être célibataire.

Un jour où j'étais seul chez moi, je fis une sorte de prière à la vie. À voix haute, je m'adressai directement à elle: «Si tu m'entends, écoute-moi bien. Je vais te faire une demande d'une telle clarté qu'il n'y aura plus jamais d'ambiguïté possible par rapport à l'amour. Si, à la suite de tant de relations parfois heureuses mais souvent souffrantes ou chaotiques, il s'avère préférable pour les autres et pour moi-même que je demeure célibataire, alors j'accepte ma nouvelle condition. Je cesse de m'accrocher aux attentes et aux chimères, et je choisis de vivre seul et en paix. L'essentiel de mon existence sera consacré à mon travail, aux voyages et aux amitiés. Je vais aussi aider des gens qui souffrent d'anxiété, d'une façon que je ne connais pas encore. Mais si je dois rencontrer quelqu'un, alors que l'amour se manifeste clairement sur ma route. Dans ces conditions, je suis disposé à ouvrir mon cœur. Pour être sûr et certain que ce que je dis soit sans ambiguïté, je vais décrire l'homme avec qui je veux couler mes jours. Sinon, je choisis le célibat. Je te présente donc celui auquel je suis prêt à ouvrir ma porte. Il a environ mon âge. C'est un être autonome qui a fait le ménage dans sa vie. Il a une vision spirituelle et organique de la vie, et n'hésite pas à se poser des questions qui vont lui permettre de progresser. Il aime rire et voyager, adore les chats, apprécie infiniment le silence, la campagne, la beauté et les œuvres d'art. Il a de belles mains, une voix douce et chaude. Il est beau. Nous sommes faits l'un pour l'autre jusqu'à ce que la mort nous sépare.»

Au mois de novembre 2009, j'allai déjeuner avec un nouvel ami, Simon Leclerc. Ce fut très agréable de discuter avec lui de sujets d'actualité et de parler de questions fondamentales de l'existence. Puis, alors que nous traversions le parc

La Fontaine, il me montra un arbre très solide qu'il affectionnait spécialement. C'était un feuillu imposant, dont les racines semblaient très profondes. Nous discutions justement de la nécessité d'être bien ancrés, présents et enracinés dans la vie. Simon s'arrêta subitement et me lança : « Au fait, je voulais te dire que je connais quelqu'un qui aimerait te rencontrer. » Après lui avoir demandé si cette personne était intriguée par moi ou par mon statut d'artiste, je ressentis monter une émotion particulière au moment où mon ami me répondit : « Non, non, il se montre très intéressé à faire ta connaissance dans le but de développer une relation. Il s'appelle Louis… » Ne laissant pas le soin à Simon de compléter sa phrase, mû par mon intuition, je lui coupai la parole. « Son nom de famille commence par B ! » Interloqué, Simon me répondit : « Effectivement, il s'appelle Louis Bertrand. »

Alors que j'avais décliné à plusieurs reprises différentes propositions de rencontre qui s'étaient présentées à moi, une émotion toute nouvelle m'amenait cette fois à manifester une ouverture. J'acceptai l'offre que Simon me faisait de me présenter à un inconnu. Intrigué, et avec le sourire dans le cœur, j'attendis avec une délicieuse curiosité le moment de notre rencontre. Au mois de décembre 2009, je fis la connaissance de Louis. En compagnie de Simon, nous allâmes manger au restaurant. J'allais découvrir un être lumineux et sensible. Non seulement son nom de famille commençait par B, tel que je l'avais deviné, mais Louis avait déjà porté un autre nom de famille commençant par la même lettre. Enfant adopté, il s'appelait auparavant Daniel Brazeau.

Durant ce premier repas, où nous échangeâmes longuement des propos sur la vie, je vis aussitôt en Louis un être profond, ayant connu une existence riche et pleine. La beauté

de ses mains, son doux visage et la chaleur de sa voix me char-
mèrent. C'était un être autonome, agent de bord depuis plus
de vingt ans à Air Canada. Sa feuille de route était impressionnante. Il travaillait principalement sur les destinations outre-
mer: Paris, ville que j'adore, mais aussi Londres, Francfort,
Copenhague et Rome. Il avait également été guide dans des
voyages initiatiques en Égypte, au Pérou et en Mongolie.
J'étais littéralement transporté. Sans compter que le chat était
son animal de compagnie favori. Renversé par la similitude
avec la liste des critères de l'amoureux parfait que j'avais
demandé à la vie, j'avais l'impression que cette dernière était
assise à notre table tout en me faisant un beau grand clin
d'œil, l'air de dire: «Puis? Ça répond à ta demande?»

Troublé par autant de signes favorables, je décidai néanmoins de ne pas précipiter les choses. Je tenais à ce que nous
prenions le temps de nous apprivoiser. Il y eut donc quelques
sorties au cinéma et au restaurant, au cours desquelles je
constatai l'évidente complémentarité et la complicité qui
nous unissaient. Malgré tout, je restais encore sur mes gardes.
Je voulais m'assurer qu'il ne s'agissait pas d'un feu de paille.
Au mois de janvier 2010 commença la tournée de la pièce
Pi...?! avec Les Éternels pigistes. Notre première représentation avait lieu le 16 janvier à Longueuil. Je décidai d'inviter
Louis pour l'occasion. Quelque chose me titillait encore, et
j'avais besoin d'une preuve irréfutable que nous étions faits
l'un pour l'autre. La vie allait une fois de plus se charger de
me la fournir.

Il importe ici que j'explique le contexte de la pièce. *Pi...?!*
est l'histoire d'un homme, Emmanuel (Christian Bégin),
qui sort d'un long coma à la suite d'un accident de voiture et
qui a perdu le goût de vivre. Il n'a vu ni tunnel de lumière, ni

quelque indice que ce soit que l'au-delà existe. Le constat est brutal : nous n'avons qu'une vie à vivre, et dès notre naissance, c'est l'inéluctable déchéance qui nous attend jusqu'au dernier souffle. Sa femme Gabrielle (Marie Charlebois), désespérée de le voir dépressif, le pousse à accepter de recevoir des amis de longue date, Sue et Pierre-Louis (Isabelle Vincent et Pier Paquette), question de retrouver un semblant de normalité. Emmanuel finit par accepter, à condition que jamais, durant le souper, il ne soit question de ce qu'il a vécu.

La première demi-heure de la pièce se déroule donc au début du repas, alors que les conversations sont aussi superficielles qu'insipides. Le mot d'ordre, qui consiste à ne jamais évoquer la mort, est respecté. Jusqu'à ce que mon personnage, Marc, débarque comme un éléphant dans un magasin de porcelaine. Marc est atteint du syndrome d'Asperger. Il est obsédé par tout ce qui touche la mort, principalement les faits divers pimentés de détails scabreux. Cinq minutes après son entrée en scène, Marc raconte sans retenue la mort violente et épouvantable d'un homme tombé d'un vélo et dont la tête est passée sous les roues d'un camion. Les yeux et le cerveau de la pauvre victime se sont répandus brutalement sur la chaussée. Ce monologue était terrible, truffé d'images atroces et chargé d'une grande émotion. La réaction du public oscillait entre le rire et le malaise, tant les répliques qui sortaient de ma bouche avaient l'effet d'une bombe. Louis, qui était assis dans la salle, fut également saisi par les mots. Ses joues se couvrirent de larmes.

Ce que Louis allait m'apprendre après la représentation me scia les jambes. La mort horrible de l'homme que mon personnage relatait était en tout point semblable à celle qu'avait connue son plus grand amour de jeunesse. Cette exacte et clinique similarité entre le drame que Louis portait depuis trente ans et celui dépeint sur scène était stupéfiante. Bouleversé durant la pièce, il eut la très nette impression que son ancien amoureux, parti si tragiquement, lui disait qu'il pouvait maintenant reposer en paix et passer le flambeau à quelqu'un d'autre. J'étais celui à qui le flambeau était destiné.

Je fus à ce point touché et remué que je sus sans l'ombre d'un doute que j'avais la réponse à mon ultime question. Louis Bertrand était un être d'exception, et nous avions beaucoup de choses à partager. Nous quittâmes le théâtre pour aller souper à Montréal. Ce fut une soirée magique qui passa si vite que nous ne remarquâmes même pas que nous étions bientôt les derniers clients du restaurant. Une heure avant que nous quittions les lieux, Louis me fit une merveilleuse déclaration d'amour. Me regardant droit dans les yeux, il me demanda : « Qu'est-ce que tu veux construire ? » Bouche bée, je devins rouge, avec la sensation d'être peinturluré dans le coin. Toutes mes relations précédentes, mes fuites et mes excuses me revenaient en rafale. Je ne pouvais plus me défiler.

Je savais intuitivement que ce qui m'arrivait était unique, et que si je m'y abandonnais, ce serait probablement le début du plus grand amour de ma vie. Ce soir du 16 janvier 2010, Louis passa la nuit chez moi, dans ce lieu qui allait très vite devenir chez nous. Oui, je voulais construire ma vie avec lui, et tout m'indiquait que cette fois, je venais de rencontrer la perle rare.

Une nouvelle vie

Au contact de mon nouvel amoureux, ma vie se métamorphosa en accéléré. Quelques mois après le début officiel de notre relation, il vint vivre sous le même toit que moi. Commença alors le ménage de certains dossiers que nous avions à régler chacun de notre côté. Il fallait préparer le terrain pour les projets majeurs qui nous tenaient à cœur.

Le premier, et non le moindre, fut la décision de nous marier. Nous n'hésitâmes guère longtemps à faire un choix qui allait de soi. Après avoir jonglé quelques jours avec la date qui nous semblait la plus juste, nous décidâmes de nous unir le 18 avril 2011. Le mariage fut célébré à la maison, devant un notaire et quelques proches. Je n'ai jamais douté un seul instant de mon désir d'épouser Louis. Ni stress, ni angoisse, ni ambivalences ; j'étais calme et prêt à m'engager dans cette grande aventure. Il y a quelques années, si quelqu'un m'avait dit qu'un jour je me marierais, j'aurais éclaté de rire. Aujourd'hui, après trois ans de mariage, je ressens toujours la même certitude et autant de sérénité par rapport à notre décision. Cette union fut notre façon de célébrer la vie et de lui rendre hommage.

Le voyage de noces eut lieu en Chine, où nous visitâmes les deux mégalopoles que sont Beijing et Shanghai. Ce périple nécessitait de longues heures de vol depuis Montréal, dont quatorze au retour entre Shanghai et Toronto. Malgré la fatigue et un restant d'appréhension pour la turbulence, j'ai pu mesurer tout le chemin que j'avais parcouru depuis le vol que j'avais pris vers le Venezuela en 1988. J'étais enfin devenu libre de voyager.

J'ai été impressionné par la Chine. S'il est évident que l'individu est une quantité négligeable dans ce pays qui demeure une dictature, l'homogénéité apparente du peuple et l'ambition de cette nation sautent aux yeux. En ce qui a trait à l'architecture et aux transports, la Chine moderne semble avoir vingt ans d'avance sur nous. Les gens sont plutôt courtois et, fait étonnant, je n'ai pas senti d'attitude homophobe à notre égard. J'avais le plus souvent l'impression d'être dans une immense fourmilière. Les règles sont strictement codifiées.

De retour à la maison, nous décidâmes d'entreprendre la rénovation du condo que j'avais acheté en 2005, et qui en avait bien besoin. Entamés en 2011, les travaux s'échelonnèrent par étapes sur deux ans, pour se terminer en 2013. Ce fut une aventure intense. Si voyager révèle parfois le tempérament de son partenaire, faire des travaux de rénovation peut carrément générer une atmosphère explosive. Sur ce point, j'eus la confirmation de ce que je savais déjà : Louis et moi sommes véritablement faits l'un pour l'autre. Tout se déroula de manière optimale.

Quand je regarde le chemin parcouru sur le plan amoureux depuis trente ans, je ressens un merveilleux vertige. Je vois quelqu'un d'autre dans le rétroviseur. Un étranger qui ne me ressemble pas. Pour rien au monde je ne retournerais en 1983. J'avais certes des années et des rides en moins, mais je traînais d'énormes valises et m'y accrochais désespérément. Einstein disait que la folie consiste à toujours répéter les mêmes comportements ou pensées, en espérant chaque fois un résultat différent. L'amour est la meilleure façon de s'en préserver.

Je remercie la vie d'avoir mis Louis sur ma route. Nous sommes à ce point en harmonie que nos mères respectives nous confondent parfois au téléphone. À son contact, j'ai rencontré de nouvelles personnes très généreuses, ouvertes et avec une vision très humaniste et spirituelle de l'existence. Ma liste d'amitiés s'est enrichie. Je regarde aujourd'hui l'avenir avec confiance. L'inconnu ne me terrorise plus. Au contraire, je sais qu'il porte en lui d'immenses et riches possibilités.

CHAPITRE 8
Béquilles et dépendances

Je suis ce qu'on appelle un dépendant affectif. Toute ma vie a été un long combat pour m'affranchir du réflexe qui consiste à m'accrocher aux autres ou à des béquilles. Ce sentiment de ne pouvoir vivre sans une aide ou un appui extérieur m'habite depuis très longtemps.

Je suis arrivé sur terre attaché à ma mère, accroché désespérément à elle. L'idée même d'une séparation, qu'elle soit physique ou psychologique, m'était insupportable. Dès mon plus jeune âge, je ressentis l'immense besoin d'être protégé. Comme un bernard-l'ermite qui court sans cesse d'une coquille vide à l'autre, cherchant frénétiquement un nouveau toit, j'étais constamment en quête de sécurité. En raison de la mort en bas âge de mon frère, l'écart avec le reste de la fratrie me donnait l'impression qu'un fossé impossible à combler nous séparait.

Mes origines étrangères contribuaient à creuser davantage ce fossé qui me séparait du monde extérieur. Ce monde pouvait être cruel, j'en avais la certitude. Les animaux flairent la peur et y réagissent; je savais que la peur que j'éprouvais pouvait m'attirer des ennuis. Le genre humain est capable d'un comportement similaire à celui d'une meute de loups affamés. À maintes reprises, il m'est arrivé de changer de trottoir lorsqu'une personne ou un animal me semblait menaçant. Mon hypersensibilité ne faisait pas bon ménage avec une société que je considérais comme impitoyable. Je préférais la fuite à l'affrontement, car me défendre était au-dessus de mes forces. Il fallait donc que j'adopte différentes stratégies pour survivre. D'où la nécessité de trouver des outils qui me permettraient d'être autonome, de ne pas constamment dépendre des autres.

L'imaginaire et la nature

Au cours de mon enfance, le réflexe initial que je développai fut de me réfugier dans l'imaginaire et la rêverie. À la maison, je me créais des univers dont j'étais le seul à connaître les codes. Je pouvais m'évader en toute quiétude et ces moments privilégiés me donnaient toujours le sentiment d'être en contrôle. J'étais comme un roi au milieu des jouets, ayant le pouvoir de décider de l'issue de toutes les histoires que je m'inventais. Les livres de contes et d'images me procuraient la même sensation de calme et de joie. Idem pour les émissions télé jeunesse, qui me faisaient rêver et dissolvaient toute forme d'inquiétude. La solitude ne me faisait pas peur. Je savais que ma famille n'était pas loin, et que je ne manquerais de rien.

Les promenades en campagne étaient également une grande source d'apaisement. Si je me trouvais entouré des miens, je pouvais m'aventurer à explorer des lieux nouveaux et rêvasser à loisir. Le silence et la beauté de la nature me donnaient un ancrage, mais aussi souvent l'occasion de ressentir une profonde mélancolie.

Guérir sur scène

Très tôt, il devint évident que la meilleure manière de composer avec ce monde hostile était de vivre par procuration. Puisque les gens et la société me semblaient menaçants, je pouvais éviter de les affronter directement. La scène et le métier d'acteur constituaient le compromis idéal. Comme je ne m'inscrivais nulle part dans la réalité telle que je la percevais, j'allais donc consacrer mon existence à y participer par la bande, en marge de la norme.

Ce métier que j'exerce depuis près de trente ans a été libérateur. C'était la voie la plus juste à emprunter pour cultiver le détachement qui me faisait tant défaut. Mais certainement pas la plus facile ! Mon besoin constant de sécurité fut mis à rude épreuve par la pratique d'une profession sans garanties, sans sécurité d'emploi, et qui n'est faite que d'inconnu et de changements. De même, ma timidité maladive et le désir que j'éprouvais de demeurer dans l'ombre furent confrontés sans relâche.

Rétroactivement, je réalise à quel point ce choix a été bénéfique. Comme si elles avaient été plongées dans un bain de solution décapante, mes peurs ont peu à peu fondu. Le parcours que j'ai suivi s'est fait en dents de scie, les moments de grâce ou d'apaisement alternant avec des chutes et des rechutes. J'apprenais à composer avec ma sensibilité, mais je la fuyais aussi, en ayant recours à différentes substances pour geler mes sentiments.

Paradis ou enfer artificiel ?

C'est à cause d'un joint de haschich qu'un jour je vécus ma première crise d'anxiété majeure. Dans mon cas, le mélange drogue et hypersensibilité était un cocktail explosif. À la suite de cette expérience épouvantable, il me fut facile d'arrêter de consommer pendant plusieurs années. En 2001, je vécus toutefois une autre pénible expérience en lien avec cette substance. Convaincu que l'essentiel des crises était désormais derrière moi, je succombai à nouveau au chant des sirènes. Un après-midi, je me rendis chez un collègue acteur pour une rencontre professionnelle au cours de laquelle il me présenta le texte d'une pièce de sa compagnie. On m'offrait de remplacer un des membres de la troupe le temps d'une tournée en Europe. Sitôt la réunion terminée, il me proposa de fumer un joint avec lui. Un peu craintif, je décidai de ne prendre qu'une touche, au cas où l'effet ne devienne infernal.

Les conséquences furent brutales. En quelques minutes, j'éprouvai des palpitations et la sueur couvrit tout mon corps. L'estomac noué et les pensées en mode panique, je dus me lever pour faire les cent pas dans l'appartement. Je demandai à mon collègue de m'apporter une débarbouillette que j'humectai d'eau glacée. J'avais beau m'éponger le visage, m'asseoir, me lever, boire de l'eau ou regarder l'heure, j'étais totalement sous l'emprise d'une sensation terrifiante.

Ce furent des moments de grande angoisse, tandis que je marchais sans arrêt comme un lion en cage en répétant à voix haute que, cette fois, c'était définitif, plus jamais je ne toucherais à la drogue. Mon ami finit par me dire qu'il pouvait être normal que je réagisse aussi intensément, étant donné qu'il s'agissait de pot hydroponique. Par des techniques de culture dont j'ignore tous les détails, il s'avère que cette substance était hautement plus forte et toxique que ce que j'avais fumé en 1983. Mon organisme ne pouvait que s'affoler à son contact, si bien que le malaise dura pas moins de huit heures. Dès que je me sentis peu à peu retrouver mes esprits, un soulagement profond m'envahit. Ce fut la dernière fois que je consommai cette drogue. J'avais eu ma leçon.

Alors que certains de mes proches prenaient de l'ecstasy, je refusais systématiquement d'en faire l'expérience. Quant aux drogues de type mescaline ou acide, des récits de « voyages » cauchemardesques suffirent à m'enlever tout désir de tenter l'aventure. J'ai toutefois consommé de la cocaïne sur une base occasionnelle pendant environ deux ans. Étonnamment, je ne suis pas tombé dans le piège de la dépendance, alors que cette drogue euphorisante peut rendre quelqu'un fortement accro. Chaque fois que j'en prenais, une fausse impression de puissance m'envahissait. Le monde ne me paraissait plus aussi menaçant et mon esprit, déjà capable de faire du deux cents à l'heure, semblait s'emballer. Je devenais verbomoteur et probablement désagréable. Pour rien au monde je ne voudrais assister à un tel monologue aujourd'hui.

La principale raison qui freina ma consommation de cocaïne était son coût prohibitif. Je n'avais pas les moyens d'en consommer. Je ne voulais ni tomber dans une spirale d'endettement, ni entraîner ma famille et mon entourage dans un gouffre sans issue. Fort heureusement, le désir de maintenir un équilibre budgétaire m'a permis de ne pas sombrer dans un autre enfer.

Cent mille cigarettes plus tard

De l'âge de dix-neuf ans à quarante et un ans, j'ai fumé sans discontinuer. J'étais extrêmement dépendant du tabac, au point où il pouvait m'arriver de me priver de manger pour pouvoir m'acheter un paquet de cigarettes. Mon penchant ludique pour les chiffres m'a fait calculer le nombre approximatif de cigarettes que j'avais fumées durant toutes ces années. En vingt-deux ans, j'ai consommé un minimum de cent mille cigarettes ! Ce calcul donne le vertige. Et la nausée.

Fumer était LA béquille par excellence. La cigarette me donnait une légère euphorie, une contenance. La fumée que j'inhalais et expirais créait un voile grisâtre que je recherchais, comme si une bulle m'accompagnait en toutes circonstances.

En 2002, quelque temps avant un voyage familial en France, j'étais résolu à m'affranchir une fois pour toutes de cette dépendance. La solution passa par la gomme avec nicotine. Le miracle se produisit, puisque le tabac me donna rapidement mal au cœur. En France, je ne sentis aucunement l'envie de fumer, en dépit de la forte proportion de fumeurs à cette époque. Bref, non seulement la cigarette me devenait étrangère, mais je me mis en plus à développer une véritable intolérance à son égard. On dit souvent que les ex-fumeurs sont les pires envers ceux qui persistent à fumer. J'en suis la preuve vivante. Il m'est arrivé de me sentir exaspéré au contact de gens fumant sur le trottoir durant une pause de travail. «Vivre et laisser vivre», dit le dicton. J'ai encore du chemin à faire de ce côté. La cigarette est pour moi définitivement chose du passé. Quand je vois des photos où je fume, on dirait qu'il s'agit d'une autre personne.

Une histoire toxique

Si l'alcoolisme se définit, selon l'Organisation mondiale de la santé, comme «une dépendance à l'alcool doublée de troubles de comportements », alors je peux dire que je suis tombé dans l'alcoolisme. Ce que j'ai vécu avec cette substance s'apparente à une histoire d'amour destructrice et toxique. J'ai éprouvé pendant une trentaine d'années une dépendance majeure à l'alcool, dont les différentes phases m'ont peu à peu poussé dans les derniers retranchements où je pouvais aller. J'ai dû corriger le tir sous peine de sombrer dans la déchéance ou la maladie.

Nier sa dépendance à l'alcool est vieux comme le monde, et cela demande du courage pour y faire face et changer de comportement. Je ne voulais pas admettre que j'avais un problème, ayant l'impression que je contrôlais la situation et que je pouvais à tout moment redevenir buveur occasionnel. C'est une erreur qu'il m'a fallu du temps à reconnaître.

Quand j'étais jeune, il y avait toujours du vin à la maison durant les repas. Ma famille était l'illustration la plus normale de la culture française, où le vin à table fait partie des plaisirs de la vie, au même titre que la bonne chère. Mes parents n'ont jamais abusé de l'alcool. Ils nous permettaient de prendre un peu de vin en mangeant lorsque nous étions de grands adolescents. Essentiellement du vin rouge, parfois coupé avec de l'eau. Lorsque mes parents recevaient à dîner ou souper, on servait également l'apéritif et le digestif comme c'était coutume de le faire, mais il était très rare que j'en prenne un verre. Bref, rien n'indiquait que je deviendrais un jour dépendant de l'alcool.

Quand mes parents déménagèrent à la campagne et que je travaillais dans le jardin ou à tondre le gazon par de chaudes journées d'été, il m'arrivait, après avoir terminé mes tâches, de prendre une bière ou deux, sans plus. Je ne sentais pas le besoin d'en consommer davantage. En de rares occasions, je faisais la fête avec des amis de fin du secondaire ou du cégep. Je pouvais m'éclater et dépasser les limites, mais la gueule de bois du lendemain se révélait tellement pénible à vivre que le goût de récidiver était absent pour de longues périodes.

Me revient en mémoire une soirée, lors du Carnaval de Québec, où j'avais été initié à «Échec et paf». Ce jeu consiste à remplacer les pièces d'un jeu d'échecs par des verres remplis de toutes sortes d'alcool. Gin, caribou, bière, vodka et vin se côtoyaient sur l'échiquier. Les règles sont simples. Il faut boire d'un trait chacune des pièces qu'on se fait prendre. Inutile de dire que je me mis à perdre en rafale, enfilant en une demi-heure les seize verres qui trônaient devant moi. Cette nuit-là, je fus très malade, au point où il me fallut des jours pour m'en remettre. L'idée même de boire me rebuta pendant plusieurs semaines. Hormis quelques fêtes ici et là, je ne fis donc aucun abus tout le temps que je vécus sous le toit familial. Les choses commencèrent à changer lorsque je quittai Québec pour Ottawa.

Un faux sentiment d'assurance

Tandis que j'étudiais à Ottawa et que j'apprivoisais un nouveau monde, je découvris le plaisir de sortir et de fraterniser avec de nouvelles connaissances. La vie étudiante se prêtait à la fête, et de toute façon, j'avais envie de m'amuser et de brasser la cage. Le domaine dans lequel j'étudiais sollicitait constamment les émotions à travers les rapports conflictuels des personnages que nous devions jouer, et la scène était une arène qui ne m'était pas familière. J'étais méfiant à me jeter corps et âme dans la mêlée. Il me fallait donc trouver la meilleure façon de me désinhiber.

Boire me donnait de l'assurance. C'était une façon de prendre contact avec ma part d'ombre. Cela me permettait de m'aventurer là où je n'aurais pas osé à jeun. Les trois ans passés à Ottawa ont été marqués par plusieurs soirées festives et ponctués de sombres moments, comme si j'étais en mode rattrapage après toutes ces années de retenue. Je vivais une grosse crise d'adolescence à retardement. C'est sous l'emprise de l'alcool et aussi parfois de la drogue que j'ai pataugé dans mes histoires d'amour compliquées. Je demeurais discipliné dans mes études et mon travail d'acteur, mais tout ce qui touchait aux relations humaines était arrosé. Je ne faisais pas la fête tous les soirs, ayant à l'esprit de me garder une clarté suffisante pour fonctionner et respecter les échéanciers scolaires ou professionnels. J'avais une bonne résistance à l'alcool même s'il m'arrivait de payer cher mes excès. J'étais alors affecté par les abus pendant plusieurs jours. Combien de fois ai-je été malade !

Alors que Michel Marc et moi étions en couple, je devins plus sage et moins porté sur l'alcool. Même si l'amour était fragile, la sécurité affective eut un effet apaisant, bien que temporaire. La peur de me retrouver seul freina mes comportements autodestructeurs. Lorsque je quittai Michel Marc et Ottawa pour aller vivre avec Jean à Montréal, mes abus étaient moins fréquents. J'avais plus confiance en ma bonne étoile.

Mes trois années à l'École nationale de théâtre furent empreintes de hauts et de bas, et les crises d'anxiété eurent des effets contradictoires sur ma consommation d'alcool. J'aimais toujours sortir et m'amuser, mais mon extrême fragilité ne m'autorisait pas à commettre trop d'abus, sous peine de vivre plus facilement des crises. J'étais trop vulnérable pour encaisser des excès sur une longue période. La crainte d'être mis à la porte de l'École fut suffisante pour me garder la plupart du temps dans la ligne droite.

De ma sortie de l'École jusqu'à ma relation avec Julie, je demeurai un oiseau de nuit, sortant fréquemment après avoir joué au théâtre. Pendant quatre années consécutives, il m'arriva maintes et maintes fois d'aller au bar Le Pub, rue Saint-Denis à Montréal. En peu de temps, ce bar devint le lieu de rassemblement et de prédilection de plusieurs jeunes comédiens. Le propriétaire de l'établissement, Gaétan, était un monsieur sympathique et généreux qui nous payait souvent des tournées. Cet endroit devint un port d'attache où j'ai souvent refait le monde avec de nombreuses personnalités de la colonie artistique. Il nous arrivait régulièrement de fermer les lieux aux petites heures, tant l'esprit grégaire était fort et les vapeurs de l'illusion avaient une emprise sécurisante, mais également déprimante à long terme. D'ailleurs, à force d'être fréquenté par la même faune, l'étiquette de «pas bien» colla à tous ceux qui se tenaient trop systématiquement dans ce pub. Ma relation nouvelle avec Julie et l'effet de nouveauté s'estompant, je cessai d'aller dans cet endroit, qui finit par changer de nom et de propriétaire.

Le temps passé avec Julie eut un effet bénéfique. La sécurité affective me procura un certain ancrage. L'abondance du travail me rassurait également. Mon état psychologique s'améliorait sensiblement et mon rapport à l'alcool se transformait. Je me mis à développer une intolérance vis-à-vis du cognac, du rhum, du whisky et de tous les alcools bruns. Ils me rendaient si malade qu'il me fut facile d'arrêter d'en consommer. Les autres alcools forts tels que la vodka ou le gin n'eurent bientôt plus d'attrait pour moi. Les effets secondaires devenaient de plus en plus durs à supporter. J'aimais par contre toujours autant la bière et le vin, ainsi que les boissons anisées.

Boire pour oublier la honte

Au moment de ma rupture avec Julie, le sentiment d'échec me fit augmenter ma consommation de bière. L'ivresse temporaire me donnait faussement l'impression de maîtriser la situation et de calmer ma peine. En fait, je noyais ma honte. L'absence de l'autre et l'incapacité de trouver un équilibre aussi rapidement que je l'aurais souhaité me faisaient tomber dans la plainte et la complaisance. Plus profondément, je ne réalisais pas encore que j'étais en train d'instituer le sabotage en système, et que l'alcool pouvait constituer une béquille handicapante à vie.

Au lieu de chercher à me relever de cette séparation, j'adoptai petit à petit une attitude autodestructrice. Croyant à tort que j'avais le contrôle de la situation, je cultivais l'illusion que j'étais un être libre et fort face à l'alcool, et que cette dépendance n'était que temporaire, le temps de retomber sur mes pattes. Je dus bientôt affronter la réalité. Alors que j'étais en représentation dans une pièce au Théâtre de Quat'Sous, je vécus un lendemain de veille particulièrement intense. L'aventure de cette production théâtrale fut par ailleurs marquée par un climat général difficile auquel je devais contribuer sans en avoir pleinement conscience.

Aux hommes de bonne volonté se passait dans le bureau d'un notaire où une famille dysfonctionnelle prenait acte des dernières volontés d'un jeune homme décédé du sida. Je jouais le rôle de l'amoureux du défunt. Cette création de

Jean-François Caron reçut un accueil mitigé, et je dois admettre que, malgré la beauté du texte et la qualité de la production, les thèmes de la mort, de la maladie et de la séparation eurent certainement un effet insidieux sur ma personnalité fragile. Un soir, pendant une représentation, je me mis à perdre le fil du texte et de la situation. La honte qui m'envahit fut si grande que je me jurai que plus rien de tel ne m'arriverait désormais. Je présumais de mes forces et de mon intégrité, car au cours de ma carrière, deux autres événements similaires allaient se produire avant que je mette un terme à mes abus.

Les années 1990

À la suite de cet événement lamentable, je devins plus conscient de ma fâcheuse dépendance à l'alcool. Je commençais à souhaiter sincèrement un changement de vie. Les contrats avec l'Italie me donnèrent suffisamment d'élan et de sérénité pour me permettre de changer de cap, être plus présent, et modifier mes habitudes nocives. Je cessai de boire de la bière, à cause du mauvais souvenir qui y était maintenant associé, mais aussi parce que mon goût pour cette boisson s'était mis à diminuer. Heureux de constater que l'attrait pour certains alcools avait pour ainsi dire disparu, j'eus de plus en plus la certitude que tout était réglé, et que l'écart de conduite déplorable que j'avais connu était à mettre sur le compte d'une période difficile, mais temporaire.

À la suite de mon aventure italienne, le retour à Montréal fut pénible. Me retrouvant devant rien, j'eus peur de sombrer dans une forme d'itinérance. Même si je n'étais pas encore à la rue, la voie vers le naufrage semblait toute tracée. C'est mon orgueil, et certainement un reste d'esprit combatif, qui me donnèrent les coups de pied au derrière nécessaires pour inverser la situation et me reprendre en main. Par ailleurs, je prenais conscience que dès que je vivais une séparation affective ou une peine d'amour, et même si j'en étais bien souvent la cause, je cherchais systématiquement à combler le vide dans lequel je tombais. L'alcool demeurait alors la panacée. Je n'envisageais toujours pas sérieusement de demander de l'aide, convaincu qu'un jour je saurais m'affranchir de cette dépendance.

Habitant dans un minuscule deux-pièces avec pour tous meubles un lit, une table et une chaise, en plus d'un téléphone, je me débrouillais tant bien que mal. Un jour que je marchais au centre-ville, je croisai Stéphan, un ex-amant qui habitait dans le secteur. Il me proposa généreusement de partager son logement, ce que j'acceptai avec reconnaissance. Cette situation allait cependant engendrer un malaise. Mon ego ne pouvait se résoudre à admettre devant une ancienne flamme qu'il me fallait repartir à zéro. Si bien que je commençai à me refermer dans ma coquille et me remis à boire. Évidemment, le climat devint explosif, et il me fallut quitter les lieux.

L'arrivée de Sylvie dans ma vie fut une véritable bénédiction. Notre relation connut des hauts et des bas, mais je m'étais engagé à me reconstruire et à ce que nous vivions une relation harmonieuse. Cela fonctionna bien un certain temps, jusqu'à ce que je retombe dans mes vieilles habitudes. Je n'étais pas conscient du problème. Étant donné que je ne buvais plus de bière, d'alcool fort et de vin rouge, je me considérais comme guéri et en plein contrôle. Effectivement, j'avais cessé de boire tous types d'alcool, sauf un : le vin blanc. Autant le goût pour les autres boissons avait disparu, autant ma tolérance au vin blanc augmenta et finit par constituer un énorme problème.

Me rebâtir une santé physique et psychologique de même qu'une crédibilité devint prioritaire. À cette époque, j'avais fait de grands progrès par rapport aux troubles anxieux. Depuis 1983, j'avais amorcé une démarche spirituelle à ma manière, glanant des informations et des ouvrages qui portaient sur la psychologie et le sens de la vie. Bien que pataugeant parfois dans la complaisance et m'accrochant à de vieilles pensées, des mémoires blessées ainsi que des habitudes et attitudes nocives, j'avais toujours gardé à l'esprit la volonté de développer une perspective personnelle par rapport aux conditions et aux lois qui régissent la vie. Je voulais traduire, mettre en images et en mots le mal que je portais, pour le théâtraliser et m'en détacher.

Tandis que Sylvie et moi entamions notre deuxième année amoureuse, il devint clair que je devais urgemment prendre le taureau par les cornes et mettre un terme à ma consommation d'alcool. Cette dépendance risquait de compromettre mon équilibre et la qualité de vie que nous avions. Je décidai donc de cesser complètement de boire et, ma foi, j'y parvins fort bien pendant plus de trois ans. Ce ne fut pas grâce à des groupes reconnus pour leur soutien face à la dépendance alcoolique. Le désir de vaincre cette dépendance était suffisamment fort à ce moment-là pour que je décide d'arrêter. Cela coïncida avec la fondation de la compagnie de création Les Éternels pigistes. Pour la première fois de ma vie, je voyais le lien entre l'initiative créatrice et la coupure avec tout élément susceptible de geler les sentiments que j'éprouvais.

Ce n'était pas encore aussi nettement défini et articulé, mais je constatai que je me sentais plus léger, libre et inspiré. La peur demeurait tout de même présente, mais elle devenait plus subtile et profonde, comme si je touchais à des couches plus tenaces à décaper. Fier de ma capacité à transformer ma vie et à assumer des choix conscients, je me disais qu'enfin j'avais réussi à me débarrasser de cette entrave à mon épanouissement. Tout alla bien jusqu'à ce que la relation que j'avais avec Sylvie devienne bancale, et que je me trouve confronté à l'inéluctable : la sortie du placard.

Face à la vérité

Je me remis à boire au moment où je compris et admis qu'avec Sylvie, le cul-de-sac était inévitable. Notre relation était devenue triste et je ne pouvais pas la rendre heureuse. Nous éprouvions beaucoup de tendresse l'un pour l'autre, mais j'étais homosexuel. Il ne m'était plus possible de jouer à l'autruche. Ma rechute dans la consommation de vin blanc était une façon grossière et égoïste de précipiter la fin de notre aventure commune. C'était carrément un acte de sabotage, d'autant plus malheureux que je ne voulais pourtant pas faire le moindre mal à cette merveilleuse personne qu'est Sylvie. Nous finîmes par nous séparer en juin 2000. J'en éprouvai à la fois une grande tristesse et un immense soulagement. Après que j'eus enfin parlé ouvertement à mes parents, ma vie prit une tournure assurément plus légère. Je buvais du vin, mais de façon plus occasionnelle et surtout jamais seul, comme j'avais eu l'habitude de le faire au cours de ma vie. J'étais un homme libre.

Les séries télé *Rumeurs* et *Le cœur a ses raisons* m'apportèrent beaucoup. Endosser des responsabilités professionnelles me donna suffisamment confiance pour ne pas ressentir le besoin de retomber dans les mêmes ornières. En dépit du fait que je ne vivais pas de relation amoureuse, je disposais désormais de moyens financiers et psychologiques nouveaux. Je pouvais enfin envisager l'avenir avec plus de sérénité. Le fait de vivre seul ne me posait pas de problème particulier. Il m'était maintenant possible de faire le grand saut auquel je songeais depuis un certain temps sans avoir le courage de m'élancer : quitter ma vie de locataire pour devenir propriétaire. J'étais de plus en plus convaincu que, pour se libérer de ses peurs et appréhensions, il fallait plonger dans l'inconnu.

Un pas dans la bonne direction

Prêt à assumer de nouvelles responsabilités, sûr et certain que mon problème avec l'alcool était à présent derrière moi, je contactai une agente immobilière afin qu'elle m'aide à réaliser un projet qui me tenait à cœur. Je connaissais Hélène Dumas de longue date, puisqu'elle avait travaillé dans le milieu culturel pendant plusieurs années, au Centre d'essai des auteurs dramatiques. Elle se mit donc en quête du premier appartement que j'allais acheter. Une peur irrationnelle m'envahit devant l'aspect officiel et formel de cette démarche. Hélène eut l'intelligence et la délicatesse de ne jamais me mettre de pression, et sut bien m'expliquer toutes les étapes pratiques et psychologiques liées à un premier achat résidentiel. À ses yeux, mes réactions d'insécurité étaient parfaitement normales.

Hélène me précisa que l'éventuel coup de cœur que j'aurais à la vue d'un appartement serait l'indicateur par excellence, un signe organique et non pas rationnel ou logique. Nous visitâmes donc une dizaine de condos, et je pus vérifier à quel point ce que j'éprouvais chaque fois était immédiat. Sitôt le pied dans un nouvel appartement, je savais que ce n'était pas le bon. Non pas que la qualité du bâtiment fût en cause, mais simplement, une forte intuition me parlait. De fil en aiguille, je finis par douter de mon réel désir de m'engager dans une telle aventure. Tant qu'Hélène m'accompagnait et se tenait à mes côtés, j'avais l'impression d'être un enfant tenant la main d'un adulte rassurant. D'une certaine façon, j'aimais me prêter à l'exercice. À la longue, je devins presque heureux de constater que je ne trouvais pas chaussure à mon pied. Après tout, avais-je vraiment besoin de subir un stress si énorme que celui généré par l'achat d'un condo ? Ma résolution fluctuait au fil des jours.

Un soir, Hélène m'envoya par Internet une annonce qui venait tout juste d'être publiée. Les premières images eurent un effet immédiat sur moi. Je ressentis aussitôt une excitation mêlée de trac. Sautant sur le téléphone, je lui demandai quelques heures pour réfléchir à une éventuelle offre d'achat. Fébrile, je contactai mon amie Geneviève Brouillette pour partager mon enthousiasme avec elle. Elle m'ordonna presque de sauter sur l'occasion ! C'est ce que je fis le lendemain. Dès que je mis les pieds dans l'appartement, j'éprouvai un coup de cœur au-delà de ce que je pouvais imaginer. C'était donc ça, le fameux signe dont me parlait Hélène !

Le processus administratif se mit en branle. Malgré des années de galère, de chaos et d'anxiété, j'en étais arrivé au point où je pouvais envisager un engagement à long terme.

Bien sûr, ce n'était pas encore avec une véritable personne ! Cependant, le fait que j'accepte la responsabilité de devenir propriétaire, qui semble sans grande conséquence à la plupart des gens, constituait pour moi une révolution, une véritable conquête. J'avais réussi à abattre des murs psychologiques apparemment indestructibles. La vie me confirmait que mes moments d'égarement n'avaient pas altéré les progrès réels que j'avais faits.

En février 2005, je devins donc officiellement propriétaire, non sans une certaine angoisse. Bien que le processus d'acquisition se fût déroulé de façon optimale, la panique me sauta à la gorge, comme à l'accoutumée. Une semaine après avoir signé, je voulais vendre. Je décidai toutefois de m'accrocher à ma décision et de laisser le temps au temps.

Rechute

Je vécus dans cet appartement avec peu de choses pendant cinq ans. L'essentiel de mes revenus était consacré aux paiements hypothécaires. Pas question de prendre du retard dans le remboursement. Pour rien au monde je ne voulais me retrouver en déséquilibre budgétaire. J'étais toujours célibataire et travaillais beaucoup. Croyant à tort que les choses allaient finir par s'alléger, je fus de plus en plus accablé par la réalité de devoir composer avec toutes les responsabilités qu'implique l'achat d'un condo. Si je voulais garder la tête hors de l'eau et faire face aux multiples factures et paiements, il n'était pas envisageable que je procède à des rénovations à court terme. Et pourtant, bien qu'agréable et lumineux, l'endroit en avait grandement besoin. Cette impossibilité de transformer mon intérieur à mon goût me fit sombrer dans un état léthargique. L'alcool était plus que jamais le compagnon idéal, le sauveur qui allait cette fois se transformer en bourreau.

Si j'avais toujours connu une dépendance à l'alcool, j'étais parvenu jusque-là à maintenir un semblant de contrôle. Or, de 2006 à 2008, je touchai à un point de bascule. M'imaginant que le vin était un carburant et une source de détente, je glissai peu à peu dans une spirale descendante. Il devint évident que j'avais un sérieux problème. Parce qu'il m'avait été facile par le passé de ne plus consommer d'alcool fort, de bière et de vin rouge, j'avais faussement cru qu'il en serait de même pour le vin blanc. Or, l'emprise était puissante. Je dus me résoudre à aller chercher de l'aide sur le plan psychologique.

La première personne que je rencontrai était une femme qui travaillait sur la respiration et la mémoire. Après une dizaine de sessions, je sentis que quelque chose n'allait pas. Le ton qu'elle adoptait lors des séances laissait transpirer quelque chose que je n'arrivais pas à nommer. Une dynamique malsaine s'installa et mon intuition me dit qu'il fallait que je clarifie le tout, quitte à changer de thérapeute. Un jour que j'étais en session thérapeutique, elle devint subitement très directive et surtout, autoritaire. C'en fut trop. Je lui signalai mon inconfort et mis un terme à cette relation d'aide.

La deuxième personne qui m'apporta son soutien était également une femme. Elle abordait la thérapie par une approche à la fois psychologique et spirituelle. Ma nature dépendante me rendait méfiant de tout type de gourou, mais je me sentis tout de même assez vite en confiance. C'était une personne riante et je découvris peu à peu qu'elle pouvait aussi être exaltée. Moi qui aimais rire, je considérais cette qualité humaine idéale pour m'aider à me détacher de ce qui me pesait tant. Cette relation d'aide s'échelonna sur une assez longue période et me permit de me stabiliser. Je commençai à prendre du recul sur mes habitudes nocives et il m'était permis de pouvoir enfin envisager une coupure définitive avec l'alcool. Mais les choses ne se firent pas aussi facilement.

À l'été 2007, je jouai dans une pièce au Théâtre du Vieux-Terrebonne. *Ténor recherché* était une production théâtrale estivale de qualité avec une distribution impressionnante, comprenant entre autres Benoît Brière et Nathalie Mallette. Cette pièce américaine, adaptée pour le Québec, était un feu roulant de quiproquos. J'y jouais le rôle d'un chasseur d'hôtel à l'accent du Saguenay. Ce fut un succès et nous nous mîmes à la présenter en rafale. Parallèlement à ce vent de folie, ma relation avec la thérapeute se mit à déraper. Une fois de plus, je sentis qu'il fallait que je mette fin à ces rencontres, qui devenaient familières et sortaient du cadre professionnel.

Je n'avais toujours pas réussi à arrêter de boire, si bien que je ne pus donner le meilleur de moi-même au théâtre. La honte m'habitait et je cherchais la sortie de secours. Je devais trouver une aide solide pour parvenir à me libérer de cet enfer.

Créer pour dénouer l'impasse

Par l'entremise d'une amie, je pus enfin rencontrer une thérapeute qualifiée avec qui j'entrepris de me pencher sur ce qui n'allait pas. J'allais assidûment à mes rendez-vous, convaincu que cette fois, je parviendrais à transformer ma vie. Il devint clair, au fil de nos rencontres, que la source du problème touchait à mon aspect créatif, et plus spécifiquement à la prise de parole. J'avais écrit, çà et là, de petites choses, griffonné quelques lignes, mais rien de fondamental. J'étais littéralement bloqué à la gorge, et noué dans certaines de mes émotions. J'avais beau avoir joué des centaines de représentations au théâtre depuis plus de vingt ans, m'être éclaté sur scène dans toutes sortes de pièces, avoir fait beaucoup de télé, je vivais une coupure avec mon élan créateur.

Cette thérapeute et psychologue sut donc cerner le cœur du problème sans se montrer insistante ou intrusive. Bref, elle me donnait tout le loisir de tourner autour du pot, pour que j'arrive à nommer explicitement les choses. Je lui fis part de mon désir d'écrire, et du projet que je caressais de présenter un spectacle théâtral solo. Le rêve que je portais touchait donc doublement à la prise de parole, tant du côté de l'écrit que de l'expression orale. Convaincu que j'avais quelque chose à dire, je réalisai pourtant combien il s'agissait pour moi d'un enjeu bouleversant, à un point tel que j'avais parfois la nausée rien qu'à l'évoquer. Je portais des créations que je retenais, et au lieu de les mettre au monde, je m'accrochais à elles. Tout comme à l'alcool. Écrire ou parler de ce que j'éprouvais équivalait à réveiller des blessures profondes et peut-être même à m'attirer des sanctions. J'avais le choix entre créer ou boire. J'étais désormais conscient de mon comportement, mais encore trop orgueilleux pour laisser tomber la dernière béquille.

Entre-temps, je développai un genre de jeu du chat et de la souris avec la thérapeute, lui promettant d'une semaine à l'autre de commencer à écrire et de lui remettre la preuve sur papier de ce nouvel engagement. De promesse en promesse, je finis par retomber dans le sabotage, comme si je voulais tester sa patience. Elle devina bien vite mes enfantillages, ce qui eut le don de me braquer davantage. Mis devant ma propre peur de l'engagement et mon incapacité chronique à passer à l'action, je décidai d'abandonner la relation d'aide en disant à la thérapeute que j'avais besoin de recul et d'un temps de réflexion avant de me lancer dans ce cheminement. Elle m'envoya gentiment promener, non par méchanceté, mais bien parce qu'elle doutait de mes belles paroles. Elle avait vu juste.

COUP DE GUEULE

L'ART SUBVENTIONNÉ, UN GASPILLAGE ?

On ne le dira jamais assez : la création et l'expression artistique sont des besoins fondamentaux de l'être humain. Certains individus entretiennent pourtant, à l'endroit des arts, des clichés totalement déconnectés de la réalité : à leurs yeux, les arts s'apparentent à un panier percé et les artistes sont soit des assistés sociaux qu'on entretient, soit des millionnaires. Et si on parlait plutôt chiffres ? Encourager les arts n'est pas du gaspillage, mais bel et bien une forme d'investissement.

En 2012, le Québec a consacré, par l'entremise du Conseil des arts et des lettres, une somme d'environ quatre-vingt-dix millions de dollars au développement artistique. Le Canada, de son côté, toujours en 2012, a distribué cent quatre-vingts millions de dollars au secteur des arts, toutes disciplines confondues. Si l'on tient compte de toutes les sommes allouées de manière directe ou indirecte à la culture au Québec, le montant global est de plus de un milliard de dollars. Sait-on que pour la seule année 2009, les retombées économiques pour la région de Montréal s'élevaient à douze milliards de dollars? La culture crée des emplois par milliers et génère une activité économique considérable. Cesser de la soutenir aurait des impacts dévastateurs.

Les quelque sept mille membres de l'Union des artistes gagnent en moyenne vingt-cinq mille dollars par année. Mais ce que ce chiffre n'indique pas, c'est que l'écart est considérable entre les 10% des artistes les plus fortunés et les autres 90%. Il est donc vital de venir en aide à ces derniers. Tous les secteurs économiques du Québec bénéficient de subventions gouvernementales. Il est considéré comme normal de donner un coup de pouce à des domaines de pointe qui génèrent des profits records. Pourquoi en serait-il autrement dans le cas des arts, qui procurent non seulement des biens matériels, mais également un plaisir des sens à un très grand nombre de citoyens?

Il est toujours surprenant de voir des gens s'indigner que les arts puissent être subventionnés alors qu'ils ne rouspètent jamais quand le gouvernement canadien dépense annuellement vingt-cinq milliards de dollars pour la défense militaire du pays, pourtant assurée en bonne partie par le voisin du sud. Cette vision à courte vue ne cesse de me sidérer.

Au secours !

Au lieu d'écrire, je continuai à boire. Mon corps s'en trouva affecté. J'avais pris du poids, je faisais du psoriasis et de l'eczéma. Un après-midi d'hiver 2008, au retour de la banque, je marchais d'un pas pressé sur le trottoir glacé de la rue

Saint-Hubert. Je perdis pied et tombai lourdement. Mon bras droit amortit ma chute, mais une douleur vive se fit sentir à mon poignet. Me redressant tant bien que mal, sur le coup de l'adrénaline, je poursuivis ma route jusqu'à la maison avant de me préparer pour aller jouer au théâtre.

Mon poignet était horriblement enflé. J'essayais de me rassurer en me disant que ce devait être une vilaine foulure. Ce soir-là, je jouai sur scène avec deux Tylenol derrière la cravate. Sitôt la pièce terminée, Paul Ahmarani, qui était de la distribution, me conduisit à l'urgence de l'Hôpital Notre-Dame. Je passai la nuit dans le corridor, à souffrir de plus en plus horriblement. C'était ma première visite dans un hôpital. Toute ma vie je me souviendrai des cris d'un patient déchaîné et en psychose qui voulait à tout prix fumer et traitait une infirmière de tous les noms. Je me retrouvais là, dans un environnement terne, à la suite d'une chute que je savais très chargée symboliquement. La vie venait de me donner une grosse leçon, comme pour arrêter ma course folle et me crier ce que je ne voulais pas entendre. Ce fut le début d'un long calvaire de réadaptation.

Il me fallut six mois pour recouvrer pleinement l'usage de mon poignet. Handicapé par un plâtre et plus tard par une attelle, je dus effectivement m'atteler à une nouvelle vie. Le quotidien me parut tout à coup chargé d'obstacles. Je voyais la vie sous un autre angle. Au fil de mes rendez-vous à l'Hôpital Notre-Dame, je regardais les personnes âgées ou à mobilité réduite devoir composer avec des limitations sévères. Quelque chose de nouveau émergea en moi : une réelle empathie.

Sur le plan professionnel, j'entamai les répétitions d'une nouvelle création avec Les Éternels pigistes, *Pi...?!* Malgré la lente mais constante amélioration de ma condition physique, le cœur n'y était pas. L'idée que j'étais arrivé au terme d'une collaboration artistique commençait à faire son chemin. Je ne pouvais ignorer ce que la thérapeute m'avait fait réaliser l'été précédent et faisais face à la difficulté de trouver pleinement ma place dans une dynamique de compagnie où les rôles et fonctions de chacun s'étaient cristallisés. Je cherchais autre chose sans trop me l'avouer et surtout, sans en parler aux autres. Je commis une dernière fois un impair à cause de l'alcool. Toute ma vie, je me souviendrai du 13 juin 2008, alors qu'ayant bu jusqu'aux petites heures la veille, je me retrouvai avec un monumental trou de mémoire dans une scène avec Christian Bégin. Ce fut la goutte qui fit déborder le vase.

Après la représentation, alors que tous et toutes étaient en émoi, je pleurai comme un veau, en criant cette fois à l'aide. Cela ne pouvait plus durer. Il me fallait tourner la page et commencer une nouvelle vie. D'étaler ainsi mon désespoir devant ceux et celles avec qui j'avais partagé tant de choses eut un puissant effet salutaire. Pier Paquette, un des membres des Éternels pigistes, se proposa pour m'accompagner à une réunion des Alcooliques Anonymes.

De la peur au goût de vivre

J'assistai assidûment à plusieurs réunions des AA, où je fus bouleversé par les témoignages de gens de milieux socio-économiques très divers, qui racontaient leur combat avec les démons qui les habitaient. De belles personnes, écorchées vives, ayant vécu des abus, des traumatismes ou ayant simplement le mal de l'âme, se confiaient sans pudeur à d'autres qui les écoutaient respectueusement. Cette rencontre avec la réalité humaine dans ce qu'elle a de plus dur et de plus touchant eut pour effet d'ouvrir mon cœur. Je découvrais que je pouvais aimer des gens sans les juger, uniquement en les écoutant, et en partageant des moments de qualité avec eux. Depuis que j'ai cessé de consommer de l'alcool, je suis frappé par l'émotion qui m'envahit lorsque je croise des personnes en état d'ébriété, ou qui se déplacent avec une canne, des béquilles ou en fauteuil roulant.

Grâce à des séances intensives de physiothérapie et un suivi médical serré, je pus éviter une chirurgie au poignet. Au fur et à mesure que je retrouvais mes capacités physiques, je constatais à quel point j'étais chanceux et privilégié par la vie. Les rencontres aux AA me permirent de faire la connaissance d'un être formidable qui allait devenir un ami et un confident d'exception, Claude B. Nous avons eu de longues conversations qui m'ont apaisé et donné le courage de corriger ce qui n'allait plus. Il y eut des rechutes, mais j'ai cessé de prendre de l'alcool. Mieux, cette substance m'est devenue étrangère. Comme si j'étais maintenant sorti de cette coquille trop étroite qui m'avait empêché de pleinement me réaliser. Je ne vais plus aux AA, mais Claude est resté un ami et un allié fidèle sur qui je peux compter, qui me comprend et surtout, ne me juge pas.

J'ai dû toucher le fond à maintes reprises avant de trouver le moyen de me libérer de mes chaînes et de me mettre à la création. Les expériences difficiles que j'ai traversées n'auront pas été vaines. Il me fallait littéralement me mettre au monde. Les dépendances que j'avais développées étaient des garde-fous érigés pour me protéger de moi-même. J'avais peur de tout ; j'avais surtout peur de la vie. À cinquante-deux ans, plus que jamais, j'ai le goût de me déployer.

CHAPITRE 9
Au-delà des normes :
le paranormal

Me voici arrivé à partager un aspect fondamental de ma vie qui, j'en conviens, sort des sentiers battus et s'écarte de la norme, c'est-à-dire dans ce cas-ci du consensus scientifique de notre époque. Il aurait toutefois été impensable pour moi d'écrire ce livre sans évoquer cette dimension si particulière de mon existence.

J'ai assisté à des phénomènes sortant de l'ordinaire et je sens le besoin de les partager, même si je sais que mes propos pourront être accueillis avec scepticisme, voire dérision. Je puis très bien comprendre – et accepter – que tout le monde n'adhère pas à certaines croyances liées aux phénomènes paranormaux. Cela dit, je ne cherche ici ni à provoquer, ni à convaincre, ni à alimenter une quelconque controverse. Mon désir est uniquement de mettre en lumière une caractéristique majeure de ma vie qui a très certainement exercé une influence sur les troubles anxieux que j'ai dû combattre et sans laquelle mon parcours aurait été sensiblement différent.

AU DIABLE LA NORME !

Depuis l'arrivée de la télévision et surtout d'Internet, la planète est devenue une seule et même culture. Je voyage de plus en plus, et je suis désolé par le gommage systématique de toute différence que je remarque. On peut affirmer sans se tromper qu'on assiste à une forte tendance à l'uniformisation, peu importe où que l'on soit sur la planète : mêmes hôtels et restaurants, mêmes films, même architecture, mêmes voitures, même mode, mêmes images, mêmes plaisirs, mêmes médicaments, mêmes meubles, même musique, mêmes symptômes dépressifs, mêmes problèmes d'obésité, mêmes obsessions compulsives, mêmes partis politiques polarisés, même regard sur la vie, le monde, la mort…

Tout cela est certes sécurisant pour ceux qui craignent comme la peste ce qui sort de la norme. Mais n'assistons-nous pas à la mort définitive de ce qui fait la richesse de notre monde ? La culture standard chercherait-elle à aplanir notre héritage naturel qui est, lui, composé d'une multitude de différences ? Pourquoi le rouleau compresseur économique occidental a-t-il réussi à imposer si puissamment une conception si superficielle et définitive de la vie ? Le goût est devenu unique, comme si nous faisions partie d'une immense secte à la fois impitoyable et tellement sécurisante que toute contestation devient désormais suspecte. La liberté ne veut plus rien dire. La sécurité nous bombarde sans cesse de ses promesses alors même que tant de gens se sentent dépossédés d'une intimité spirituelle essentielle. La religion, l'économie et la politique ont tout balayé sur leur passage. Peut-être pourrait-on en dire autant de la science ? La pensée unique, responsable de bien des abus, n'est-elle pas déjà parmi nous ?

Une sensibilité à fleur de peau

Dès mon tout jeune âge, j'ai entretenu un rapport particulier avec ce qu'on appelle la réalité. Pour calmer la peur qui m'habitait, j'avais développé divers mécanismes de défense. J'observais le monde tel qu'il se présentait à moi, mais j'étais aussi attentif aux mille et un détails qui me permettaient de décoder une situation avec justesse. Mon attention se portait tout naturellement sur l'intangible et l'atmosphère des lieux. J'ai toujours capté les choses et les gens dans leur essence bien plus que dans leur image. Pour faire une analogie avec la nature, c'est comme si j'étais constamment conscient de la masse de l'iceberg plutôt que de sa pointe. Ce qui est visible et mesurable m'a toujours paru superficiel ; non pas insignifiant, mais accessoire ou secondaire.

Cette hypersensibilité me rendait perméable d'une manière particulièrement intense à l'atmosphère des lieux où je me trouvais ainsi qu'aux voix des gens que je croisais. La charge et la mémoire d'un inconnu étaient ce que je percevais en premier. En fait, j'étais si fasciné par les personnes que je rencontrais que j'aurais pu passer des heures à les observer. Les lieux publics me rendaient fébrile, comme si mes antennes enregistraient en simultané un flot ininterrompu d'informations. Que ce soit la démarche, les vêtements, le timbre de voix ou le regard d'un individu, je ressentais les différents types de messages qui émanaient de la personne. L'infinie variété des caractères que je rencontrerais allait assurément devenir une source inépuisable de matière pour mon futur métier d'acteur.

Outre les livres de contes et d'aventures, je fus très vite attiré par tout ce qui touchait au fantastique, au surréalisme et au futurisme. Des ouvrages d'anticipation aux histoires de voyages dans le temps et l'espace, en passant par des documentaires sur la mort ou la vie sur d'autres planètes, je me régalais de ce qui s'écartait de la norme et du quotidien. Ce type d'univers me faisait vibrer, tandis que les histoires traditionnelles de cow-boys et d'Indiens, de guerre, ou les intrigues policières m'ennuyaient à mourir. C'est encore le cas, même si je peux reconnaître la qualité d'un livre ou d'un film dont le sujet entretient un rapport standard avec la réalité.

Adolescent, je lus plusieurs ouvrages traitant de civilisations disparues et de cas inexpliqués. J'avais l'impression de comprendre les héros ou les personnes qui vivaient ces expériences hors du commun. Il m'était impossible de croire que la réalité se limitait uniquement au visible mesurable et mesuré avec les instruments dont disposait la science, au rationnel et à ce que nos cinq sens pouvaient enregistrer et vérifier.

Mes crises de délire et les expériences étranges que je vivais enfant n'étaient, disait-on, que le produit de fièvres nocturnes ou de mon imagination. Mon entourage et les médecins décidèrent pour moi de ce que je vivais et cela s'arrêta là. Il me fallut attendre plusieurs années avant de comprendre qu'il y avait un lien entre ma perception des choses et une réalité beaucoup plus subtile que la définition officielle qu'on en faisait. Frustré par l'impossibilité de parler avec qui que ce soit de ces sujets de prédilection, je dus ronger mon frein toute ma jeunesse.

Voici quelques-uns des curieux phénomènes que j'ai vécus. Encore aujourd'hui, je ne peux les expliquer, mais j'ai appris à les accueillir avec curiosité et ouverture et à les intégrer à mon histoire.

Une étrange expérience à la maison familiale

En 1980, alors que je m'apprêtais à quitter le nid familial, mes parents voulurent acheter une maison ancestrale à Saint-Antoine-de-Tilly. Magnifique demeure construite en 1863, celle-ci avait été habitée de génération en génération par la famille, qui l'avait construite. Mes parents étaient les premiers étrangers à habiter ce lieu. Ils découvrirent un espace qui avait été beaucoup modifié au fil du temps. Tout ce qui était ancien ou d'origine se trouvait caché par des éléments modernes. Ainsi, le foyer en pierres, les poutres apparentes et le plancher en bois massif ne se voyaient plus, étant masqués par des garde-robes, un faux plafond et un revêtement en linoléum. Mon père, qui œuvrait dans le domaine de l'architecture, décida avec ma mère de redonner à la maison son aspect d'origine. Peu de temps après leur arrivée, mes parents amorcèrent des travaux majeurs.

Une étrange série d'événements survint. Je sentis rapidement que cette maison était habitée par une charge et une mémoire singulières. Certains diront que ce que je fumais à l'époque altérait mes perceptions et peut-être n'auront-ils pas tort ! Toutefois, avant même que ne commencent mes troubles anxieux, je percevais qu'il s'était certainement passé dans cette demeure des choses dont la teneur m'échappait, mais qui émettaient de fortes vibrations. À l'été 1980, mes parents organisèrent une grande fête pour célébrer les noces d'or de mes grands-parents maternels. De nombreux membres de la famille, des amis et des connaissances furent présents lors de cet événement joyeux. La maison de Saint-Antoine-de-Tilly respirait la joie de vivre et tout semblait aller pour le mieux. Rien ne laissait présager ce qui allait se passer dans cette demeure au cours des années suivantes.

Mes parents habitaient la maison principale et mon frère Jean-Louis, étudiant en architecture à cette époque, la portion annexe qu'on appelait autrefois cuisine d'été. Il y vivait avec son épouse d'alors, une Mexicaine d'origine et de nature très sensible, voire superstitieuse. Il nous arrivait de fumer ensemble du haschich, ce qui eut à quelques reprises un effet amplificateur. Un soir, sous l'effet du hasch, j'étais assis dans le salon de mon frère et de ma belle-sœur alors qu'ils étaient montés se coucher. Ma nièce était bébé et dormait avec eux. Gelé, je me mis à regarder fixement une plante et à y voir des formes et des yeux. Conscient que la drogue pouvait produire de telles hallucinations, je n'en fis pas de cas, bien que je fusse impressionné. Soudainement, je ressentis un grand froid me traverser. Ma nièce se mit à hurler au même moment. J'eus l'impression profonde que tout cela était relié. Ébranlé, je montai me coucher dans une chambre de la maison principale, évitant de rester dans la portion annexe.

Cette nuit-là, je fis un cauchemar très court, mais puissant : une tête de poupée de porcelaine se jetait sur moi. Une fois de plus, je ressentis un courant glacial. C'était extrêmement désagréable et la charge était réelle. Quelque chose de fort émanait des lieux. Le lendemain au réveil, mon frère, ma belle-sœur et moi discutâmes de l'atmosphère lourde que nous avions captée, mais nous mîmes cet événement sur le compte de la fatigue et du hasch.

Lorsque mes parents commencèrent les travaux de rénovation, ils firent une découverte inusitée : une planchette de bois portant une inscription écrite au crayon de plomb, qui datait du début du XXe siècle. On pouvait y lire quelque chose qui ressemblait à ceci : « Ceux qui démancheront ce plafond devront faire chanter une messe pour le repos des âmes de notre famille. S'ils ne le font pas, ils sont des sans-cœur. » Une liste de noms complétait la missive. Sans accorder plus d'importance au message, mes parents poursuivirent les travaux. Nous étions en 1983, année où débutèrent mes crises de panique.

L'atmosphère et le climat de la maison devinrent lourds et affectèrent tous les membres de la famille. À deux cent cinquante kilomètres de là, j'étais très mal en point et demandai à mes parents de faire chanter la messe dont parlait la planchette de bois. D'abord sceptiques, mes parents firent finalement chanter cette messe. Étrangement, tout rentra dans l'ordre. Effet placebo ou réalité ? Plus jamais cette impression de cohabitation si étrange ne se manifesta, comme si les lieux s'étaient allégés. Quoi qu'il en soit, et peu importe ce que cet événement a pu déclencher comme interrogation, les membres de ma famille ont éprouvé une sensation peu commune sortant du cadre strict de la normalité.

Une mystérieuse apparition

Vers la fin des années 1980, j'ai vécu un fait unique qui restera à jamais gravé dans ma mémoire. C'était l'été, je ne me souviens plus de l'année exacte. Au début des années 90, je vivais une relation avec un homme, relation qui ne dura guère plus d'un mois. C'était un être tourmenté, tout comme moi. Un jour, il m'invita chez lui, dans un appartement du Plateau-Mont-Royal. Dès que j'entrai dans sa maison, je ressentis un malaise. Les lieux n'étaient pas inspirants, ils étaient empreints de tristesse et d'une atmosphère funeste. Moins d'une demi-heure après notre arrivée, nous eûmes une discussion qui tourna au vinaigre, si bien qu'il partit marcher en claquant la porte. J'étais mal à l'aise et je n'aimais pas l'endroit. Néanmoins, je décidai d'attendre mon copain. Je tiens à préciser que nous n'avions ni bu ni fumé.

J'étais fatigué, mais ne voulais pas dormir. Feuilletant une revue, je m'étais allongé sur son lit. Je pouvais voir la cuisine, avec la table et les chaises, dont une sur laquelle était posée une chemise. Mes yeux commencèrent à se fermer, mais je préférais ne pas m'assoupir, me sentant aux aguets. Soudainement, le couvercle de la cuvette de la toilette tomba violemment. En sursautant, je me levai pour aller voir. Il n'y avait personne et pourtant, je ressentais une présence. Je me mis à parler à voix haute pour chasser la peur, et retournai m'étendre. À nouveau, j'avais les paupières lourdes. Je les ouvris subitement en jetant un coup d'œil à la chaise de la cuisine où se trouvait la chemise. Furtivement, j'eus l'impression d'apercevoir quelqu'un debout, les bras appuyés sur le dossier.

Mal à l'aise, je changeai de position dans le lit afin de ne plus voir la cuisine. L'envie de dormir m'envahit une fois de plus. Je ne sais combien de temps je demeurai les yeux fermés, mais cela ne dut pas être plus de cinq minutes. J'ouvris tout à coup un œil, et aperçus à côté du lit une paire de jambes, vêtues d'un pantalon noir. Tout se passa en une fraction de seconde. En levant les yeux pour regarder un visage, j'eus à peine le temps de constater que la présence portait une chemise rouge à carreaux avant que tout s'évanouisse. Sous le choc, je me levai au même moment où mon copain revint.

Ne parlant pas directement de ce qui venait de se passer, je lui demandai : « Qui vivait ici avant ? » Il me répondit qu'un homme venant d'Afrique du Nord habitait l'appartement, pour ensuite ajouter : « Ah oui ! Avant lui, il y avait une vieille femme qui a déménagé parce qu'elle disait qu'ici, il y avait des fantômes. » C'est alors que je lui racontai ce que je venais de vivre. Qu'on me croie ou non n'a pas d'importance. Quoique fatigué ce jour-là, je n'étais pas sous l'effet de la drogue ni de l'alcool. J'ai senti et vu une présence, même si cela peut paraître invraisemblable. C'est la seule et unique fois de ma vie qu'il m'est arrivé une expérience de la sorte. Je serais prêt à me soumettre à tous les détecteurs de mensonges possibles et imaginables pour appuyer mes propos. N'est-il pas étrange qu'une femme ayant habité précédemment dans cet appartement ait vécu une ou plusieurs expériences similaires à la mienne ?

Mon histoire n'a rien d'original. Ce type de récit est vieux comme le monde et des centaines de milliers de gens assurent avoir vécu le même genre d'expérience. Bien sûr, admettre sa véracité implique que la mort n'est qu'une étape vers autre chose. Je suis conscient que c'est ouvrir la porte à des hypothèses hautement controversées, mais je préfère une ouverture à un scepticisme absolu. Il serait dommage de fermer la porte à d'autres réalités sous prétexte que leur côté tangible n'a pas encore été validé par la science.

Le spectre dans lequel l'être humain peut appréhender ce qui l'entoure est relativement restreint. N'eussent été les découvertes des dernières décennies, bien des dimensions de l'existence seraient totalement absentes de l'actualité, malgré leur réalité concrète. Les ultrasons émis par les chauves-souris ne sont pas perceptibles par l'oreille humaine, ce qui ne les empêche pas d'exister. De même, une hélice d'avion à l'arrêt est visible, tandis qu'elle semble disparaître lorsqu'elle tourne à plein régime. Ce n'est pas parce qu'elle est invisible qu'elle n'existe pas. À ce compte, les rêves, les pensées et les émotions sont-ils de la matière ? On ne peut les peser, mais leur impact est quantifiable. Ce qui est considéré comme paranormal ne serait-il au final qu'une normalité non encore certifiée par la science ?

Des séquences de chiffres

Depuis 1987, ma vie a été marquée par la manifestation récurrente de séquences de chiffres. Tout a commencé alors que j'étais en tournée avec la pièce *Le vrai monde ?* de Michel Tremblay. Nous voyagions dans un petit autobus d'une vingtaine de places, et comme les distances à parcourir étaient parfois longues, nous avions beaucoup de temps pour parler, lire ou dormir. En route pour Rivière-du-Loup, j'étais en train de lire. Tout à coup, mes yeux quittèrent la page pour regarder à l'extérieur, alors que nous croisions le panneau de la sortie 444 de l'autoroute 20, comme si mon attention était sollicitée d'une façon particulière à ce moment-là. J'ai toujours aimé le chiffre 4, symbole de l'ordre, dit-on. Quand j'étais enfant, je m'amusais souvent à l'écrire.

Peu après cette « photographie » numérique, je commençai à voir en rafale et dans toutes sortes de circonstances le nombre 444 ou 4444. Que ce soit dans un numéro de chambre d'hôtel, l'heure, un chèque ou des plaques d'immatriculation, les manifestations de ce nombre devinrent si fréquentes que je finis par en faire part à mon entourage, qui devint témoin à maintes reprises de ce phénomène. Fait à signaler, dès que je cherchais volontairement à voir ou à revoir le nombre 444, il ne se passait rien. Amusé par cet élément nouveau, je me mis à comptabiliser le nombre de fois où j'en étais témoin au quotidien. Ce pouvait facilement arriver cinq ou six fois par jour.

Il y eut des moments plus spectaculaires que d'autres. Je discutai souvent de ce fait étrange avec des gens qui m'accompagnaient tandis que j'étais au volant. En me stationnant, il arrivait fréquemment que la plaque d'auto devant moi comporte la séquence 444 ou 4444, ou alors l'odomètre affichait le même chiffre. Moi qui ai toujours aimé les nombres, je ressentais chaque fois une sensation spéciale, comme si j'étais connecté à quelque chose de tangible, mais qui ne s'inscrivait dans aucune logique normale. Chose certaine, tout cela prit une telle ampleur que même des proches se mirent à vivre des épisodes curieux impliquant la séquence 444. Par exemple, à l'instant même où ma grand-mère maternelle mourut en France, ma mère, qui était à Québec, se réveilla subitement en regardant le cadran. Il était 4 h 44.

Je vais relater ici trois anecdotes particulièrement marquantes parmi les centaines de fois où ce nombre m'est apparu. Un soir que je conduisais sur l'autoroute 20 en direction de Montréal, je vis une plaque d'auto comportant entre autres la séquence 444. Je souris intérieurement, mais fus estomaqué lorsqu'au même moment, une voiture me doubla. La plaque affichait 444S444.

À l'été 1990, je jouai *La déprime* au théâtre La Roche à Veillon, à Saint-Jean-Port-Joli. À la fin de cette production qui connut un bon succès, on offrit à tous les membres de l'équipe une bouteille de mousseux. Je revins à Montréal avec ce cadeau que je mis au frigo. Deux jours plus tard, je partis faire une grande marche sur le mont Royal, jusqu'au chalet du belvédère. Arrivé à la balustrade pour contempler la vue sur Montréal et la Montérégie, je m'appuyai, les bras croisés, sur une barre de métal et constatai qu'elle indiquait le mont Saint-Hilaire. En fait, tout le long de la balustrade, des plaquettes de métal étaient pointées en direction de divers points d'intérêt de la ville et de la région. Je regardai la montagne en me souvenant de ce que je disais, enfant, lorsque j'étais fiévreux : « Je crache des montagnes. »

De retour à la maison, je décidai d'ouvrir la bouteille de mousseux. Mon attention fut captée par l'étiquette latérale où il était écrit « 444 Saint-Hilaire ». Le lien était fort et pour le moins déstabilisant. Mon rapport aux montagnes était empreint de respect, mais aussi d'une grande fascination. La première fois que j'ai vu le mont Mégantic, j'ai éprouvé une sorte de vertige, la sensation que cet endroit m'était familier. Toute la région, très peu connue du Québec jusqu'aux malheureux événements reliés à la tragédie ferroviaire, a quelque chose de mystérieux. Les routes droites, les villages dont la plupart des noms ne commencent pas par « Saint », contrairement au reste de la province, et l'atmosphère générale teintée d'une couleur singulière. J'ai eu l'occasion de faire découvrir ce coin de pays à des amis qui ont ressenti la même chose.

Enfin, dans le lot interminable des épisodes mettant en vedette le nombre 444, il se passa quelque chose de franchement étrange peu de temps après que j'eus commencé à le remarquer. Mes mains se mirent à sentir le soufre. D'abord subtile, l'odeur perdura. Quand je frottais mes mains l'une contre l'autre, une très forte chaleur s'en dégageait et l'odeur s'amplifiait. Informant mes amis de ce nouveau phénomène, j'eus une intuition : et si j'utilisais cette chaleur pour soulager les gens ? D'abord maladroitement, je m'amusai à pratiquer ce don sur des personnes de mon entourage qui éprouvaient des maux de tête. Cela fonctionnait dans la très grande majorité des cas. On me disait que l'effet procuré détendait, apaisait et qu'effectivement, la migraine disparaissait. Je n'ai toutefois pas cultivé ce don qui est demeuré latent. Mais l'odeur de soufre est toujours présente si je frotte mes mains ensemble.

Un jour que je voulais en savoir davantage sur cette particularité, j'ouvris le dictionnaire pour consulter ce qu'on disait sur les propriétés du soufre. J'eus un choc en apprenant que cet élément bouillait à 444 degrés Celsius ! Il ne pouvait plus être question de hasard. Trop d'événements imbriqués les uns dans les autres se manifestaient depuis déjà plusieurs années. Qu'est-ce que tout cela voulait dire ? Évidemment, la réponse à ma question ne vint pas. J'en arrivai à la conclusion que l'univers tel qu'on le connaissait et définissait était vaste et complexe, et que je n'étais pas le premier à vivre des choses hors norme. Les innombrables personnes qui, avant moi, avaient vécu de telles expériences étaient-elles toutes cinglées et illuminées ? Je ne pouvais le croire.

La science elle-même admet que 90 % du cerveau n'est pas pleinement utilisé. Il est trop facile de balayer du revers de la main ce qui ne relève pas du cadre strict de la raison. Je comprends par ailleurs qu'il faille faire preuve de discernement dans l'ensemble des phénomènes paranormaux, car il s'agit d'un domaine où les charlatans pullulent. Comme le dit si bien l'adage : « Là où il y a de l'homme, il y a de l'hommerie. » Je n'ai jamais flâné dans les salons de l'ésotérisme, même si j'ai lu plusieurs ouvrages de ce type. À la fois méfiant et dépendant par nature, je ne pourrais pas supporter de vivre sous la tutelle d'un quelconque gourou. J'ai toujours préféré explorer par moi-même les différents champs d'investigation qui me passionnent, et en arriver à mes propres conclusions.

Une fois, cependant, je me suis amusé à me faire tracer gratuitement mon « profil énergétique » par une organisation sectaire dont je tairai le nom. Sachant très bien qu'une arnaque se cachait derrière ce cadeau qui n'en était pas un, je décidai tout de même de me prêter au jeu par curiosité. On me fit venir dans un bureau où, après m'avoir déballé des insanités pendant une heure, on me proposa une série de cours et de soins thérapeutiques à des prix exorbitants. Je me levai sans signer quoi que ce soit, me jurant de couper tout lien avec ce groupe de croissance personnelle. Bien évidemment, j'étais tombé sur un genre de pieuvre qui ne lâchait pas aussi facilement sa proie. J'eus droit à pas moins de dix appels insistants, me rappelant chaque fois la nécessité de poursuivre ce que j'avais amorcé avec eux. Il me fallut élever la voix et les menacer pour que cessent les appels. Ce fut une bonne leçon.

Aujourd'hui, il m'arrive encore de voir de temps à autre la séquence 444 ou même 777, et chaque fois, cela me fait sourire. Plus récemment, c'est la séquence 1111 qui a commencé à se manifester. Mon amoureux et moi nous amusons à faire des vœux dès que la situation se présente, et rien de plus. L'impression d'être taquiné par quelque chose de subtil est savoureuse, et n'engendre aucun questionnement, stress ou inquiétude. Cela fait partie de ma vie et c'est tout.

Préposé aux objets perdus

Vers la fin des années 1990, il m'est arrivé de plus en plus souvent de retrouver des objets égarés par des amis ou des proches. Se révélant tout d'abord de façon anodine, ce don que je me suis découvert rendit service et s'avéra efficace à maintes reprises.

Plusieurs fois donc, on fit appel à moi pour résoudre une situation fâcheuse. Les résultats convaincants m'attirèrent des demandes plus nombreuses que je devais satisfaire. Dans certains cas, c'était plutôt réussi. Me revient à l'esprit cet événement impliquant Isabelle Vincent et son copain Claude Desrosiers. Ils étaient allés en vacances à Londres. Claude avait acheté un petit vélo pliable qu'il ramena au Canada. Arrivés à Dorval, on les avisa que le vélo était introuvable. Le jour de leur retour, j'appelai Isabelle pour prendre des nouvelles de leur séjour outre-mer. Lorsqu'elle me raconta leur mésaventure, je lui dis : «Tu fais bien de m'en parler, ça va se régler.» Une heure plus tard, un employé de la British Airways leur téléphonait pour les informer que la bicyclette avait été retrouvée.

En 2009, je jouai dans une création au Théâtre de Quat'Sous intitulée *Dans les charbons*. La distribution était assez imposante. Durant les représentations, alors que je m'amusais à apporter mon aide à ceux et celles qui cherchaient quelque chose, Roger La Rue retrouva un bracelet qu'il cherchait depuis deux semaines, et deux personnes travaillant à l'administration récupérèrent des documents égarés depuis un certain temps. Un soir, l'actrice Kathleen Fortin me confia que son chaton avait disparu de chez elle depuis dix jours. Elle en était profondément affectée. Je la rassurai en lui promettant que tout allait rentrer dans l'ordre.

Le lendemain, lorsque j'arrivai au théâtre, elle se précipita vers moi, surexcitée. Le chaton était revenu, sain et sauf.

Durant le tournage du film *De père en flic*, je pris plaisir à retracer une valise de maquillage volatilisée, un portefeuille et un sac contenant des documents importants appartenant à Normand D'Amour. Normand avait par ailleurs perdu son chien l'hiver précédent. M'appelant en catastrophe, il m'avait informé de cette disparition. Je lui avais alors demandé de m'envoyer une photo de son labrador. Le lendemain, celui-ci était de retour.

L'événement le plus spectaculaire se produisit l'année suivante. Une habilleuse de la série *Providence* cherchait depuis un certain temps une chemise du personnage de Patrice Godin. Il fallait absolument la retrouver, question de raccord pour le tournage. Isabelle Vincent, qui jouait dans cette émission, eut vent de l'affaire et me rapporta les détails. Je lui dis de demander à l'habilleuse de m'envoyer une photo de Patrice Godin portant la fameuse chemise. Dès que je vis l'image, j'eus un flash : la chemise se trouvait chiffonnée dans une boîte de bois noire. Le lendemain, je reçus un courriel avec la photo de l'habilleuse tenant un mot en forme de cœur où il était écrit « merci ». La chemise avait été retrouvée chiffonnée dans une boîte noire en studio. Personne ne sut comment elle était arrivée là.

Conscient que tout cela pouvait prendre des proportions gênantes, je fis preuve de prudence et n'ébruitai pas mes nouvelles aptitudes, ni ne les mis trop souvent en pratique. Aujourd'hui, si une demande particulière se présente, je peux toujours tenter de régler la situation, sans faire étalage de mes talents inhabituels. Les étiquettes me déplaisent ; j'ai mis trop de temps et eu trop de mal à me défaire des anciennes pour vouloir en créer de nouvelles. J'accueille ce récent savoir avec amusement, sans en faire d'histoire, voilà tout. De toute façon, pour moi, il est important que tout cela demeure un jeu.

« Il y a plus de choses sur la terre et dans le ciel, Horatio... »

J'ai lu il y a un an un livre fascinant intitulé *Je suis né un jour bleu*. C'est le récit autobiographique d'un Britannique autiste savant du nom de Daniel Tammet. Ses parents ont bien vite constaté qu'il était doté d'une sensibilité extraordinaire. Daniel Tammet a, par exemple, appris à parler l'islandais ou le lituanien en une semaine et réussi l'exploit de réciter trente mille décimales de pi en quatre heures lors d'une émission de radio spéciale de la BBC. Il ne voit pas les chiffres comme la plupart des gens. Il a appris cette incroyable et illogique séquence en visualisant des paysages numériques. Daniel Tammet a un sens de la vie remarquable de poésie. Ainsi, il attribue une couleur à chaque jour de la semaine. Il est né un mercredi, et pour lui, les mercredis sont bleus. Il ne perçoit pas le monde de la même manière que nous. S'il est en mesure de réaliser des prouesses fantastiques, il a par exemple trouvé pénible, étant jeune, d'apprendre à lacer ses souliers.

Son histoire, comme celle de tant d'autres personnes, prouve que la norme n'est pas le seul élément dont on doit tenir compte. La norme facilite la vie en société et comporte bien des avantages, mais ne peut expliquer tout ce qui survient autour de nous. Trop de choses, d'êtres et de situations sortent de l'ordinaire pour qu'on puisse se contenter d'une définition ou d'une équation simpliste. Il faut conserver curiosité et ouverture : il reste tant à découvrir !

CHAPITRE 10
Rire pour guérir

Le rire m'a sauvé la vie. Si je n'avais pas eu la capacité de pouvoir m'amuser, je ne serais plus de ce monde. Le rire est l'élément central autour duquel ma guérison s'est peu à peu articulée. C'est un outil extraordinaire et libérateur qui donne le recul essentiel nous faisant si souvent défaut quand on touche à des blessures et à des blocages.

Combien de fois chacun de nous a-t-il entendu ou utilisé l'expression «aujourd'hui, je peux en rire» ou «aujourd'hui, je suis capable d'en rire»? Personnellement, je suis désormais en mesure de relater certains événements dramatiques de mon passé avec légèreté tout en reconnaissant qu'au moment où je les vivais, ils m'apparaissaient extrêmement sombres et difficiles. Il n'y avait pas d'échappatoire possible: je devais «passer à travers» pour pouvoir espérer un changement.

Il existe évidemment plusieurs sortes de rires, tout comme on trouve un vaste éventail de silences. Les uns et les autres ne mentent pas. La qualité «vibratoire» du rire, tout comme celle du silence, est révélatrice d'une intention sous-jacente. Il y a des rires qui traduisent le mépris, l'arrogance ou un manque total d'empathie. Il y a aussi des rires qui libèrent, allègent, donnent des ailes et deviennent des leviers vers une conscience plus profonde. Le rire, autant que l'humour, a la capacité de dédramatiser une situation problématique, de faire bouger un rapport cristallisé et de nettoyer une atmosphère toxique. Dans ce type de rire si porteur, il y a une reconnaissance de l'absurdité de comportements qui sont devenus stériles ou sans issue.

Le rire est un antidote à la peur, une fonction extrêmement tonique qui permet de retrouver son souffle et de toucher au moment présent. C'est un élan du cœur. D'une certaine façon, quelqu'un qui ne rit plus se trouve emprisonné, limité et éteint. Rire pleinement et à gorge déployée fait un tel bien qu'on souhaiterait pouvoir le faire plus souvent dans des contextes ou des cadres qui ne sont pas reconnus pour s'y prêter. Je pense évidemment à certaines de nos institutions si sérieuses qu'elles en sont presque devenues absurdes. C'est notamment le cas des religions, si austères et lourdes dans leurs structures qu'on a l'impression d'y étouffer. C'est également le cas en politique. Il y a quelques années, j'ai assisté à la période de questions au Parlement d'Ottawa. Une cacophonie totale, des députés ne s'écoutant pas ou passant leur temps à twitter ou à texter, le tout dans un décor rappelant celui d'une église : s'il n'y avait pas tant là de quoi pleurer, on pourrait en faire des gorges chaudes, croyez-moi !

Rire profondément et de tout son cœur est une façon de se délester du stress et du poids qu'on traîne. Pas étonnant que de plus en plus d'entreprises organisent des périodes de rire collectif. Outre les bienfaits personnels que les employés en retirent, le fait de rire en groupe permet à l'équipe de tisser des liens qui vont largement au-delà des mots. Plus besoin d'explication, de justification, de raisonnement. Le soulagement immédiat que le rire procure rallie tout le monde. Les liens plus subtils qui en ressortent évoquent le monde musical. Le rire harmonise, met au diapason, et permet d'orchestrer une situation dissonante. Ce qui était aigu ou grave retrouve un équilibre. On compose mieux avec le quotidien. Le rire a une indéniable portée ; il est souvent le signe d'une résolution. (Incidemment, le terme « résolution » trouve son origine dans le milieu musical : *ré, sol, ut* [ancien *do*], ion.) Résoudre un problème ou une situation passe littéralement par l'harmonisation. Bref, le rire comporte de nombreuses vertus et je suis heureux d'avoir pu l'utiliser à profusion pour alléger ma vie.

Je me suis souvent senti étranger à cette civilisation qui a érigé des structures et des règles que j'estime plus conceptuelles qu'organiques, plus culturelles que naturelles. C'est justement parce qu'il me semble que les codes sont faux la plupart du temps que je me suis mis à les observer pour mieux composer avec eux par la suite. Tout cela était une question de survie et demeure encore un réflexe pour me donner de l'espace et du souffle. Je constate plus que jamais ce besoin viscéral de rire qui m'a toujours habité. Rire à fond et de manière ponctuelle est un véritable massage de l'âme et peut aider à redécouvrir la joie de vivre. Il s'agit aussi d'une façon de maintenir une cohésion de la tête, du cœur et du corps pour désamorcer la fragmentation de l'être lorsqu'il se trouve sous l'emprise de la peur et de l'anxiété. Au lieu de traîner une existence morcelée, on peut choisir cette option curative qui aide à se sentir plus intègre.

DRÔLE, LA POLITIQUE?

Il y a sans aucun doute des hommes et des femmes valables, sincères et intègres en politique. Plusieurs ont marqué l'histoire par des gestes d'éclat et des projets de loi innovateurs et progressistes qui ont fait avancer la condition des démunis, des travailleurs, des minorités et des plus vulnérables. Ce métier, cette vocation devrais-je dire, demande du courage ainsi qu'une grande force de caractère. Mais...

Au XXIe siècle, le monde de la politique, de la petite politique et de la politicaillerie incarne et reflète l'aspect le plus détestable et le moins reluisant des relations humaines. Comment ne pas s'indigner du concept même de «ligne du parti», que tous les membres se doivent de respecter scrupuleusement, au risque d'être exclus du caucus par leurs pairs? La pensée unique et bien souvent prévisible freine la majorité du temps toute créativité. Tous partis politiques confondus, il transpire une façon de faire et d'être qui ne peut que s'avérer nuisible pour l'évolution du dialogue entre les diverses couches de la société.

L'attitude qui consiste à se péter les bretelles, souligner les bons coups du parti en dénigrant systématiquement l'adversaire, relève d'un mode de fonctionnement qui rappelle le Moyen Âge. Alors donc, messieurs et mesdames de la politique, vos partis respectifs ont tout bon et l'opposition est gangrenée depuis toujours? D'où viennent cette arrogance et cette prétention qui vous distinguent du commun des mortels? Ne voyez-vous pas que l'ensemble des citoyens ne croit pas la plupart de vos promesses, et que l'actualité nous enseigne chaque jour à nous méfier de vos magouilles et de vos stratégies?

Le jour où j'entendrai plus souvent ceux et celles qui nous gouvernent admettre leurs torts et leurs failles, j'aurai certainement davantage d'écoute et d'intérêt pour la politique de mon pays. Et j'en rirai moins haut et fort!

Le roi des *bloopers*

Dans mon métier, j'ai eu d'innombrables occasions de me bidonner en salle de répétition, parfois en scène avec Les Éternels pigistes, et également sur les plateaux de tournage, surtout avec Marc Labrèche. C'est ce qui me fait dire à la blague que j'ai joué dans plus de *bloopers* que d'émissions au cours de ma carrière. Bien des gens rencontrés dans la rue m'ont répété à quel point ces fous rires les avaient marqués. La question qui revient constamment est : «Comment faites-vous pour arriver à tourner une scène au complet?» La réponse est que cela peut parfois demander beaucoup de temps! Cela dit, il ne faudrait pas en conclure que je prends systématiquement un temps inouï pour jouer une scène et que je ris comme un bossu tous les jours de ma vie. Le raccourci serait trop simpliste. Mais il est vrai que j'ai vécu des fous rires mémorables.

La grande majorité de ces fous rires venaient essentiellement d'une chimie particulière entre mes partenaires de jeu et moi. Si quelques situations loufoques découlaient d'un bafouillage, j'ai souvent ri seulement en voyant l'accoutrement de celui ou celle qui me donnait la réplique. Lorsque mon partenaire et moi ne pouvions nous regarder dans les yeux, tant nous avions envie de rire, le fait de regarder légèrement à côté comme porte de sortie rendait la concentration encore plus périlleuse.

Évidemment, si le texte était drôle, comme c'était le cas dans *Rumeurs*, *Le cœur a ses raisons* ou *3600 secondes d'extase*, il pouvait arriver que la scène soit presque impossible à tourner. Par exemple, dans *Le cœur a ses raisons*, le personnage de Patrick Huard s'appelait Bat. Anne Dorval, dans une scène de groupe où je me trouvais, devait dire, en parlant du personnage de Patrick Huard, qu'elle trouvait trop impitoyable dans les circonstances : « Comment ce Bat peut-il être si dur ? » Il fallut reprendre la scène une bonne quinzaine de fois. Le fou rire était incontrôlable.

Dans *Rumeurs*, il y eut une scène entre Rémi-Pierre Paquin, Geneviève Brouillette et moi où cette dernière devait nous apostropher en disant quelque chose comme : « Bon, j'assiste à une scène entre un traître (moi) et un vendeur de chars (Rémi-Pierre) ! » Au lieu de cela, elle nous lança dans un élan dramatique : « Bon, j'assiste à une scène entre un traître et un vendeur de TCHARS ! » Il fallut faire plusieurs prises puisque invariablement, Geneviève nous disait le mot « tchars » au lieu de « chars ».

Dans une parodie du téléroman *La promesse*, où Marc Labrèche incarnait le personnage de Louise Latraverse, alité et mourant, et moi, celui de Catherine Sénart, en pleurs à ses côtés, j'ai vécu un fou rire interminable. Marc me regardait avec des yeux qui louchaient, en murmurant des paroles incompréhensibles et répétitives. Je devais lui dire de rester calme, de ne pas parler pour se fatiguer, puis lui mettre un oreiller sur la tête pour l'empêcher de dire quoi que ce soit. Il fallut une heure et demie pour tourner la scène. C'est un des moments les plus furieusement drôles que j'ai vécus.

Certains événements cocasses m'ont également beaucoup fait rire sur scène. Quand j'ai joué dans *Tout bas, si bas* au théâtre La Licorne en 1998, il s'est produit deux événements qui ont déclenché des fous rires, alors que la pièce ne se prêtait absolument pas à ce type de décrochage. Cette pièce africaine de l'auteur Koulsy Lamko est un réquisitoire poétique et idéaliste basé sur une rumeur. Un village est en émoi lorsqu'on apprend la venue possible d'un enfant porteur d'espoir, susceptible de transformer la misère en lumière. J'y jouais entre autres aux côtés de Valérie Blais, de Muriel Dutil et d'Éric Bernier.

Un soir, durant une scène accompagnée par de la musique et marquée de quelques silences, un téléphone cellulaire se mit à sonner. C'étaient les premières années où ce type d'appareils était en circulation, ce qui eut un impact certain, d'autant plus que le théâtre était tout petit, et que le propriétaire du cellulaire était assis dans la première rangée. Celui-ci répondit, brisant la magie et l'atmosphère de la pièce. «Allô? Oui… Oui… Je peux pas te parler… Non, je peux pas te parler, je suis au théâtre… Bye!» En regardant Valérie, je dus me mordre les lèvres pour ne pas rire. En même temps, je trouvais ce comportement totalement déplacé.

Toujours dans le cadre de cette pièce, nous eûmes droit aux commentaires d'une spectatrice qui confondait visiblement le théâtre et son salon. Au moment où mon personnage s'assoyait dans le silence, après un long monologue, elle s'exclama: «Bon, il s'assoit pis il attend!» Surpris et déstabilisé, je n'osai pas regarder les autres acteurs. Quelques minutes plus tard, alors que Valérie Blais et moi étions côte à côte et que mon personnage agitait la main pour chasser des moustiques, cette femme récidiva par un formidable «Bon, des mouches!» lancé à voix forte. Puis, comme je continuais à agiter la main, elle enchaîna:

«Seigneur! Y'en a donc ben des mouches!» Valérie et moi fûmes pris d'un fou rire incontrôlable qui dura certainement plus de deux minutes. Heureusement, l'attention se portait sur d'autres personnages, ce qui nous donna un répit pour retrouver notre concentration.

J'ai vécu une incroyable série d'épisodes relatifs au sans-gêne des spectateurs, au théâtre comme au cinéma. Loin de moi l'idée de mépriser le public ou de m'en moquer, puisque mon métier consiste à le distraire et à lui présenter des œuvres qui sauront lui plaire. Je lui dois plutôt une forme de reconnaissance. Toutefois, force est d'admettre que certains spectateurs font preuve de bien peu de respect à l'égard des acteurs. Je pense ici à ceux qui parlent à voix haute, qui regardent leur téléphone lumineux dans le noir ou qui arrivent en retard sans égard pour le reste de la salle. J'en aurais beaucoup à raconter à ce chapitre, tant le cumul de mes mésaventures relève d'un véritable karma et touche à l'absurde. Je me permets tout de même d'en relater deux.

Un soir, au Théâtre du Nouveau Monde, deux femmes derrière moi ne cessaient de parler, de bouger et de se lever l'une après l'autre pour aller aux toilettes. Exaspéré, je finis par me tourner pour leur demander de garder le silence. L'une d'elles me répondit haut et fort devant tout le monde : «Grossier personnage!» Une autre fois, alors que j'étais au cinéma et que le film était commencé depuis plus d'une demi-heure, une retardataire entra dans la salle, vint s'asseoir à côté de moi après avoir dérangé plusieurs personnes et me demanda, sans aucune retenue : «Pouvez-vous me raconter le début du film?»

L'absurde au quotidien

Avec le recul, je peux aujourd'hui rire de bon cœur de certains épisodes de ma vie qui m'ont semblé absolument dramatiques à l'époque où je les vivais. En 1991, alors que j'avais encore une peur maladive de l'avion, je décidai d'aller visiter mon frère Jean-Louis qui vit à San Diego, en Californie. Disposant de peu d'argent mais d'une bonne dose d'appréhension, je choisis de m'y rendre en autobus. Pour deux cent cinquante dollars aller-retour, je me suis payé une aventure surréaliste de quatre-vingt-trois heures de transport jusqu'à San Diego. Le retour ne fut pas plus rapide : quatre-vingt-neuf heures. Bien sûr, j'ai rencontré une foule de personnes intéressantes et j'ai pleinement eu le temps de découvrir les changements de paysage et d'architecture ! Mais j'ai surtout réalisé à quel point il était absurde de m'imposer pareille épreuve : cent soixante-douze heures dans une boîte de sardines plutôt que douze dans une boîte de conserve ? La question ne se poserait plus jamais ! Crises d'anxiété ou non, l'avion devint le moyen de transport obligé pour parcourir de longues distances.

En 1990, un an plus tôt, je vécus un moment totalement burlesque. Je jouais au théâtre d'été dans *La déprime* à Saint-Jean-Port-Joli. Martine Francke était de la distribution. Un jour de relâche, nous partîmes nous balader à Québec. Sur un coup de tête, nous décidâmes d'aller magasiner aux Galeries de la Capitale, où se trouvait une vaste section couverte avec plusieurs manèges. Trop peureux pour envisager de monter dans les montagnes russes, je suggérai à Martine un manège pour enfants tout ce qu'il y avait de plus inoffensif, des montgolfières qui tournoyaient sur elles-mêmes. Malgré cela, une fois à bord d'une nacelle, je me sentis très vite mal et anxieux. Je me mis à répéter sans arrêt à Martine d'appeler la police. Celle-ci était écrasée au fond du manège, riant aux larmes tellement le moment était invraisemblable et mon comportement, absurde.

Il y a plusieurs années, on m'offrit un petit rôle dans la série *Tabou*. Je n'avais qu'une journée de tournage pour jouer un personnage granola dont je ne me rappelle évidemment pas les motivations – si tant est qu'il en avait. Mon texte se résumait à très peu de choses. Pour compenser le manque de chair dramatique, la réalisatrice me proposa d'ajouter quelques phrases de mon cru. Il y avait donc un peu d'improvisation. Tout cela aurait très bien pu s'insérer dans le contexte, n'eût été l'impossibilité de créer un lien sérieux et tangible avec le personnage qu'interprétait ma collègue Catherine-Proulx Lemay. C'était la première fois que nous jouions ensemble et la scène, qui devait être toute simple et naturelle, devint carrément impossible à tourner. Catherine et moi étions incapables de nous croire, ce qui déclencha une énorme cascade de rires. Il nous fallut plusieurs minutes pour nous ajuster. Encore aujourd'hui, ce souvenir reste marqué dans nos mémoires.

Étant porte-parole du restaurant Robin des Bois, j'ai eu au fil des ans à faire quelques entrevues pour parler du concept unique de cet établissement. Un jour, une jeune journaliste m'y rencontra. Microphone sur la table, elle commença à me poser une question mais buta sur sa phrase. Je ne sais par quel improbable chemin cela nous empêcha de réaliser l'entrevue. Nous avions beau vouloir reprendre la conversation sérieusement, il n'y eut bientôt entre nous qu'un fou rire impossible à contrôler. Nous ne nous étions jamais vus ni parlé auparavant, mais l'aspect officiel de la situation nous sembla tout à coup complètement absurde. Tant et si bien qu'il fallut interrompre l'entrevue et la reporter de quelques jours.

Un antidote à la peur

Que ce soit dans mon métier ou au quotidien, c'est une grâce que d'avoir pu rire autant. Toute mon existence a été ponctuée de situations pouvant engendrer des fous rires incontrôlables. Était-ce la vie qui les mettait sur mon chemin pour alléger ma tâche, ou était-ce moi qui les créais parce qu'elles étaient nécessaires à ma survie ? Je crois aujourd'hui que tous ces fous rires étaient proportionnels en intensité aux crises d'anxiété que je connaissais, comme si la vie tentait en quelque sorte d'équilibrer les épreuves et les bienfaits qu'elle me distribuait.

J'en suis à présent convaincu : avec l'amour et la création, le rire constitue un puissant antidote pour dissoudre la peur.

Épilogue

À bientôt 53 ans, je suis maintenant entré dans la deuxième portion de ma vie. J'ai envie de dire que mon prochain anniversaire correspondra au début d'une seconde vie. Je prends concrètement conscience de tout le chemin que j'ai parcouru depuis mon premier souffle, en 1961, et mes premières crises d'anxiété, en 1983. Longtemps, j'ai été handicapé par la peur. Je suis aujourd'hui affranchi de cette entrave paralysante. Il m'arrive encore parfois de ressentir le trac et d'éprouver des appréhensions ou des doutes, mais c'est sans commune mesure avec l'état de crainte viscérale, voire de terreur pathologique qui m'a habité jour après jour pendant des années.

Aux sources de l'anxiété

Je suis né la peur au ventre. J'ai ressenti la crainte que ma mère avait de me perdre comme elle avait perdu mon frère Philippe. Ce décès a laissé un écart d'âge entre ma sœur, mes frères et moi. J'ai dû composer avec une impression de manque, recherchant constamment à combler un écart qui générait une sensation de vide et de décalage. J'ai grandi dans une famille aimante mais inquiète, qui m'a heureusement donné des outils qui allaient me servir plus tard. De nature hypersensible, il m'a fallu apprendre à vivre dans un monde que j'ai souvent trouvé difficile, principalement à cause de son manque d'empathie et de curiosité. L'impression de menace permanente que je percevais m'a incité à m'isoler, à fuir les conflits et à chercher refuge dans un ailleurs meilleur. En réponse à cette société que je trouvais impitoyable, je me suis réfugié dans l'imaginaire et suis devenu performant, premier de classe et, surtout, solitaire.

La dualité, la division et le paradoxe s'inscrivaient dans de multiples aspects de ma vie. Je me demandais sans cesse comment je pouvais concilier deux cultures, la française et la québécoise; deux attirances, pour les hommes et les femmes; deux réalités, la concrète et celle basée sur l'imagination; et enfin deux élans, soit une quête intérieure et une dépendance très forte au monde extérieur, aux amis, à l'amour et à l'alcool.

Je suis resté longtemps en réaction face à la vie, aux événements, aux personnes et à l'autorité, comme si je n'étais le moteur de rien, que j'étais condamné à subir les situations et qu'au final, ma seule fonction sur terre était de répondre aux demandes de mon entourage. Je me sentais victime et bien souvent impuissant.

Guérir en misant sur ses forces

Par bonheur, je disposais d'une forte intuition qui allait me guider à travers les épreuves. C'est elle qui m'a chuchoté avec force à l'oreille le métier auquel j'étais destiné. J'ai suivi cette intuition sans jamais le regretter. Encore aujourd'hui, je me fie à cet instinct profond qui m'a dans l'ensemble bien servi.

Enfant sérieux, studieux et rêveur, ce n'est qu'à l'adolescence que je me suis découvert un talent fort utile et libérateur qui allait me rendre d'inestimables services : l'humour. J'allais bien vite faire connaissance avec le jumeau indissociable de l'humour, le rire. Non seulement le rire, mais le fou rire ! Cette capacité à rire de moi, des circonstances et de la vie en général constitue l'un de mes atouts les plus puissants pour lutter contre l'anxiété.

Les talents respectifs de ma mère pour l'ordre et l'organisation, ainsi que ceux de mon père pour la perspective et l'aménagement de l'espace m'ont heureusement été transmis. Je ne suis pas à l'aise dans le chaos ; j'ai besoin de comprendre et de pouvoir m'appuyer sur une structure, des formes cohérentes et agencées. Ces forces m'ont donc aidé à me fixer des balises et à restreindre mes peurs dans les moments les plus confus de mon existence.

Guérir en affrontant ses peurs

Le métier d'acteur en est un où l'inconnu est permanent. Les lendemains sont incertains ; tout est mouvant, éphémère et sans garanties. Il peut paraître étrange que j'aie choisi spontanément de vivre dans des conditions aussi précaires plutôt que de miser sur un métier permettant de se reposer sur des gestes routiniers et offrant des perspectives financières sécurisantes. Toutefois, je ne me sentais aucunement appartenir à un monde dicté par des normes et des codes, que j'ai toujours trouvés sclérosants.

J'avais le choix : m'inscrire dans un cadre réaliste ou privilégier une aventure professionnelle parfois pimentée d'une saveur surréaliste. Moi qui étais craintif, j'ai, contre toute attente, décidé de combattre le feu par le feu en devenant acteur. Ce métier sans filet de sécurité aurait dû me faire fuir. C'est au contraire grâce à lui que j'ai pu affronter mes peurs pour les dissoudre peu à peu. Je voulais jouer, jouer et jouer encore pour théâtraliser et mettre en lumière les multiples personnages qui m'habitaient. Cette voie ludique, qui me permettait de prendre contact avec ma part d'ombre et d'intégrer mes émotions, fut la route sur laquelle je décidai de m'engager. Être acteur allait devenir une évidence profonde et organique ; j'ai toujours senti que c'était là l'ancrage et le moteur que je recherchais pour apprendre à vivre.

Alors que j'avais tendance à jouer à la cachette durant mon enfance et à me fondre dans le décor à mon adolescence, c'est sous le feu des projecteurs et devant les yeux des autres que je me suis engagé dans ma vie d'adulte. J'étais impressionnable et vulnérable, mais la quête de sécurité n'était certainement pas le remède par lequel je pouvais espérer m'affranchir de mes peurs. Le connu n'était pas la solution. Il me fallait affronter l'inconnu si je voulais commencer à me sentir libre. **La sécurité n'est pas la liberté.** La première nous retient dans des limites, tandis que la seconde est un appel à dépasser nos limites. Le métier d'acteur a été de tout temps une source d'émerveillement malgré les épreuves, les peurs et les moments de découragement auxquels j'ai dû faire face. Il m'a permis d'apprendre à naviguer avec de plus en plus d'aisance dans ces tempêtes cérébrales et émotionnelles engendrées par les crises d'anxiété.

Guérir en étant à l'écoute de ses émotions

Au contact d'individus créatifs, intenses, parfois excessifs mais aussi rieurs et généreux, j'ai exploré divers aspects de la psyché humaine. Les personnages issus d'univers variés que j'ai interprétés m'ont donné la chance de vivre par procuration une très large palette d'émotions sombres ou lumineuses. Le fait de passer ainsi d'un pôle émotif à l'autre et de chercher à comprendre les sentiments éprouvés par mes personnages m'a permis de découvrir peu à peu les véritables émotions qui m'habitaient, de les nommer, puis de les écouter. En ce sens, à la manière d'un fildefériste, je me suis constamment exercé à chercher l'équilibre émotif pour éviter la chute. Mais il m'a fallu chuter, chuter et encore chuter, autant dans mon métier que dans ma vie, pour arriver à trouver cet équilibre.

Guérir en jouant

J'ai joué si souvent au théâtre et à la télé que j'y ai développé des stratégies transférables dans d'autres sphères de ma vie. Cultiver la présence, maîtriser mes pensées, me connecter à mon souffle et à ma respiration constituent quelques-unes de ces stratégies qui m'ont guidé et transformé.

Le principe du jeu est tout simple, au fond. Il consiste à donner et à recevoir. Et il ne s'applique pas qu'au métier d'acteur! La vie s'apparente elle aussi à un jeu quand on apprend à donner et à recevoir. Le jeu devient malheureusement un enjeu quand on ne pense qu'en termes de victoire ou de défaite. Gagner ou perdre, c'est l'équivalent de faire la guerre. Donner et recevoir, c'est au contraire un mouvement harmonieux qui engendre nécessairement plus de paix.

Guérir en apprenant de ses erreurs

La vie est à la fois un terrain de jeu et une école. Je croyais être un premier de classe, mais mon parcours m'a enseigné la chute et l'échec. Le personnage de héros sauveur que je portais fièrement comme un bouclier pendant ma jeunesse s'est transformé à maintes reprises en zéro saboteur. J'ai trouvé extrêmement difficile d'être confronté à l'anxiété. Mon orgueil, mon ego, mon image de moi-même et mes idées préconçues sur la vie ont été frappés de plein fouet. J'ai cru mourir ou basculer dans la folie. Mes repères initiaux ont tous été balayés. J'ai songé à quelques reprises à tout abandonner et à fuir, en espérant inconsciemment que les difficultés allaient disparaître comme par magie. L'intuition, ou la petite voix intérieure, m'a été d'un grand secours. Malgré mes nombreux moments d'égarement, elle m'a souvent remis sur les rails.

En dépit de tout cela, l'anxiété, les épreuves et l'inconnu constituent des expériences dont il est possible de sortir grandi, plus solide et plus serein. On apprend davantage de ses erreurs que de ses bons coups, c'est connu. J'ai donc beaucoup appris !

Guérir en cultivant l'attention

La peur est comme une masse de glace. Le langage populaire est truffé d'expressions qui confirment cette association peur-froid. Lorsqu'on raconte avoir été glacé d'effroi devant une situation qui génère de la peur, ce n'est pas sans signification. On dit qu'il y a un froid entre deux personnes quand leur relation est momentanément interrompue ou carrément figée. On met un projet ou une décision sur la glace lorsque le moment de s'y engager ne nous convient pas encore. L'intensité de la peur que l'on porte va déterminer la masse de glace qui nous habite. Dans mon cas, j'avais l'impression de traîner un iceberg. Si la peur peut être associée à un gros glacier, c'est aussi parce qu'elle engendre de la lourdeur. Ne dit-on pas souvent qu'une personne ou une situation est «heavy», précisément à cause du poids qu'elle impose?

À l'inverse, l'amour et l'affection sont synonymes de chaleur. Une personne chaleureuse nous semble immédiatement sympathique. Un réchauffement dans le climat relationnel entre deux individus signifie clairement qu'un déblocage est en cours. La chaleur de l'amour et de l'affectif allège une situation toxique, lourde ou tendue.

J'en suis arrivé aujourd'hui à réaliser qu'un des principes fondamentaux de la vie est de s'alléger. De se débarrasser de la masse glaciale de ses peurs en les faisant fondre, pour arriver à devenir plus lumineux et rayonnant. Comment? En cultivant l'attention, la présence à soi, aux autres et à la vie. Tout problème ou blocage qui se trouve sur notre route demande de l'attention, de la présence, de la chaleur. L'attention est le contraire du jugement. Le jugement ajoute des couches de glace à un problème. L'attention favorise la remise en mouvement de ce que l'on croyait impossible à faire bouger. Nous avons le devoir de transformer nos vies pour les rendre plus fidèles à notre véritable nature. Nous sommes appelés à retrouver et à manifester pleinement nos natures respectives. Chacun et chacune de nous est unique. Pourquoi ne pas se consacrer à en faire la démonstration?

Guérir en créant

J'ai compris que ce qui n'allait pas dans ma vie venait du fait que j'étais coupé de ma vraie nature. La fuite, la dépendance, les illusions me donnaient l'impression d'être des solutions au mal de vivre qui m'habitait alors qu'au contraire, elles m'éloignaient de ma nature véritable. Les crises d'anxiété ont été le signal spectaculaire que quelque chose n'allait pas et que je devais y remédier. Il me fallait faire un grand ménage. J'allais apprendre à me délester de ce qui me pesait pour aller de plus en plus vers ce qui me portait.

Comment changer une façon de vivre devenue limitée et paralysante ? La réponse, dans mon cas, était la suivante : en jouant un nouveau rôle, celui de créateur. Au lieu d'être tout le temps en réaction contre la vie, les gens et les événements, il me fallait amorcer le mouvement et créer à mon tour. Peu importe le domaine qui nous appelle ou le rêve que l'on porte, il est possible de jouer de moins en moins le rôle de la victime pour devenir de plus en plus créateur de son existence. C'est pourquoi, depuis quelques années, je me réinvente à travers de nouvelles expériences, parmi lesquelles la mise en scène et l'écriture. La prise de parole constitue l'une de ces expériences les plus enrichissantes.

Guérir en acceptant d'aller chercher de l'aide

Le jeu, le rire, les essais et les erreurs de même que la persévérance m'ont permis de transformer ma vie. L'autoanalyse, la thérapie et les lectures inspirantes furent également pour moi d'un grand secours. Elles m'ont aidé à surmonter les moments difficiles et à comprendre ce que je vivais. Il ne faut surtout pas hésiter à demander du soutien, qu'il soit professionnel ou amical, lorsqu'on est aux prises avec des troubles de l'anxiété. C'est un mal largement répandu et tabou ; il n'y a pourtant pas lieu de souffrir seul et en silence.

Dans l'œil du cyclone

Quand la nature se déchaîne, la puissance qui s'en dégage est impressionnante. L'un des phénomènes les plus spectaculaires qui soient est le cyclone. Sa force dévastatrice est impitoyable et il réduit en morceaux ce qui était encore debout quelques instants auparavant. Cette image du cyclone me rappelle symboliquement les premières crises d'anxiété que j'ai vécues, en 1983. En quelques minutes, mon univers devenait soudainement émietté, fragmenté, déconstruit. J'étais happé dans un tourbillon dont je ne voyais pas la sortie, condamné à être projeté violemment dans toutes les directions.

Au fil du temps, les tempêtes ont diminué d'intensité. J'ai appris à me relever peu à peu après le passage de chacune d'elles. Mais surtout, j'ai fini par découvrir ce que la nature montre pourtant clairement. Au cœur du cyclone, il y a ce qu'on appelle l'œil. L'œil du cyclone est cette portion de la tempête située au centre, et où tout est calme. Dans le cœur et le centre, on est protégé de la destruction.

Cette image forte que nous propose la nature nous enseigne une solution pour retrouver l'équilibre et la paix. Lorsque les pensées deviennent compulsives et destructrices, on peut commencer à porter son attention sur son cœur, son souffle, sa respiration, son centre. Là est le calme. Dans ce calme, on reprend contact avec une intimité et un mystère que l'on fait souvent taire par du bruit ainsi qu'une foule de choses et d'idées encombrantes. Or, dans ce vide apparent, on renoue non seulement avec soi, mais aussi avec ce que j'appelle sa page blanche personnelle. C'est dans cette page que s'offrent des possibilités de créer. On peut y inscrire ce que l'intuition nous suggère. On peut y dessiner ce que l'on voudrait voir. On reprend contact avec son pouvoir intime et unique. Bref, on peut se remettre à jouer et retrouver la joie d'être pleinement ce que l'on est. Le retour à soi, à sa nature profonde, est un voyage qui porte d'infinies et heureuses découvertes.

Il y a quelques mois, j'étais en voyage à Paris avec Louis, mon amoureux. J'y suis allé à maintes reprises, mais je n'avais jamais remis les pieds au sommet de la tour Eiffel depuis mes crises d'anxiété initiales. Il était temps que j'aille vérifier où j'en étais vraiment, question de boucler la boucle. La question que je me posais était la suivante : comment allais-je réagir, si haut, dehors, en plein vent ? Il nous fallut du temps pour accéder au dernier étage de la tour, car il y a toujours de grandes files de touristes qui attendent pour monter. J'eus donc amplement le temps de respirer, de regarder autour de moi, d'être présent. Après une demi-heure, nous arrivâmes au sommet. Je fis le tour des quatre côtés, en plein vent, pour observer la ville. Puis, Louis me prit en photo. Sur cette photo, je souris. En respirant profondément, je réalisai que j'étais parfaitement calme. Je pus enfin dire à haute voix : « Je suis guéri. »

Remerciements

Le moment est venu pour moi de remercier tous ceux et celles qui ont contribué à la naissance de ce livre.

Merci à Erwan Leseul, qui m'a reçu, entendu et accepté dès le début.

Merci à toute l'équipe du Groupe Homme pour son accueil, son écoute, sa collaboration et son expertise tout au long de cette aventure. Vous avez été formidables et généreux à mon égard.

En particulier, un immense merci à Liette Mercier, éditrice et désormais complice ! Liette a été exemplaire dans l'accompagnement de ce processus d'écriture, depuis la genèse jusqu'à la mise au monde de cet ouvrage. Elle m'a beaucoup appris, encadré avec clarté et rigueur, et fut d'une ouverture et d'une humanité sans faille. Dans les circonstances, je puis affirmer que j'ai apprécié hautement cette relation professionnelle de grande classe.

Un merci sans fin à mon amoureux et mari Louis Bertrand. Il est et sera toujours un être de cœur et d'exception. Il n'a jamais douté un seul instant de ma capacité à mener à terme ce projet si fondamental pour moi.

Finalement, je veux ici remercier avec gratitude tous ceux et celles qui ont jalonné mon parcours depuis mon premier souffle. Vous qui m'avez accompagné dans les moments lumineux comme dans les périodes troubles et sombres, je salue aujourd'hui votre passage et votre présence dans ma vie. Merci à mon père maintenant au ciel, merci à ma mère toujours sur terre, merci à ma sœur et à mes frères, à toute ma famille, à mes amis, collègues et connaissances et, pourquoi pas, merci à ce mystère qui nous fait battre le cœur. Je m'en souviendrai toujours.

Table des matières

Suivez-nous sur le Web

Consultez nos sites Internet et inscrivez-vous à l'infolettre pour rester informé en tout temps de nos publications et de nos concours en ligne. Et croisez aussi vos auteurs préférés et notre équipe sur nos blogues !

EDITIONS-HOMME.COM
EDITIONS-JOUR.COM
EDITIONS-PETITHOMME.COM
EDITIONS-LAGRIFFE.COM

Achevé d'imprimer au Canada
sur papier Enviro 100 % recyclé